教育は国家百年の大計

占部賢志

公益財団法人
モラロジー研究所

教育は国家百年の大計――私の教育改革試論

目次

第一章　教育は国家百年の大計

第二章　学校教育の現場から

第三章　道徳の小窓――生き方の鑑としての歴史

装丁　株式会社エヌ・ワイ・ピー

第一章　教育は国家百年の大計

日本民族の真骨頂

教育は文化の継承にあり

昨今、教師の仕事は生徒をサポートすることだと見る教育観が蔓延《まんえん》していますが、こうした風潮に筆者は同意できません。

教育は本来、先人が築いた文化遺産を伝承するのが役割ですから、教師と生徒、そしてその両者が仰ぐ文化が存在し、三位一体と化してこそ教育だと思うのです。

かつて高校教師時代、冬を迎えると生徒に語ってやった作品にウィラ・キャザーの『巌の上の影』があります。時は十七世紀、祖国フランスからカナダのケベックに移住してきた薬剤師一家の物語です。

結核で死期を悟った母親が十歳の娘セシルに、父親に出す食事の料理法、二週間ごとにシーツは交換すること、厳冬期にはシーツは二階に積み上げ、春になったら大人に頼んで洗ってもらうこと等々、枕元で懇々と家事万般を伝授する場面が出てきます。

この時、母は娘にこう遺言する——このように暮らすことで私たちは世界でいちばん文化の高い民族だと羨《うらや》まれているのですよ、と。

こうしてセシルはけなげに食事を作り、シーツを換えて日々を生きる。このいささかも揺るがない生活様式の守護こそがわれらが祖国の「文化」なのだという誇りと信条が瑞々《みずみず》しく描かれています。

文化とはそういうものなのです。これを失って何が教育でしょう。

「地の塩」としての教育風土

このことに関連して、最近考えさせられたことがあります。地域が培った文化風土と教育との深い絆《きずな》に関することです。

秋田県の西北、白神山地の麓《ふもと》に位置する八峰《はっぽう》町の小学校が全国学力テストで日本一だったことが分かり、国内は言うに及ばず、外国からも視察団が訪れていると聞きました。

当地の教育長いわく、この地域には学習塾はなく、また学力トップを目指して特別の取り組みをしてきたわけでもない。強いて挙げれば、三世代同居の家庭が多く、お年寄りは子供を、子供はお年寄りを大切にする気風が特色なのだそうです。

さらには、学校や教師を尊ぶ風土が昔のまま根付いていて、給食費未納やモンスター・ペアレンツ、登校拒否などの問題は一件もないというのですから、驚きました。家庭と学校、そして地域との親和がもたらす教育力、それが東北の一角に今も実在しているのです。八峰町と教師との関係は、われわれ教師が忘れ去った人の世の絆がいかに大切なものか、あらためて思い出させてくれます。

国家百年の大計を再構築するには、こうした「地の塩」とも言える教育風土を再建するところから出直すべきだと筆者は確信します。

学ぶことを貴ぶ国柄

もともとこの国は、世界に冠たる教育立国でした。あれだけ藩校や私塾、寺子屋が津々浦々に澎湃《ほうはい》として興った国も珍しい。

嘉永五年（一八五二）一二月六日、東北遊歴中の吉田松陰が会津藩校「日新館《にっしんかん》」を見

学した折の「東北遊日記」は、その証左として貴重な記録です。

「学政は童子十歳以上は必ず素読を学ばしめ、十五歳以上は必ず弓馬槍刀《きゅうばそうとう》を学ばしめ、十八歳以上は必ず長沼氏の兵法を学ばしむ。午前文を学び、午後武を講ず」

なんと日新館では十歳から十八歳以上に及んで義務教育だったというのです。では「十八歳以上」の上限は何歳までを指すのでしょうか。小川渉著『会津藩教育考』に翻刻の日新館教令を見て筆者は瞠目《どうもく》しました。

義務教育年限は家督相続の長子で二十五歳、二男以下は二十一歳までと定められていたのです。こうしたエネルギッシュな教育事業と、それに応《こた》える教育欲求が融合して、アジアにおける近代国家のリーダーとなり得たに違いありません。

何より学ぶこと自体をこの上もなく貴ぶ国柄、これがわが民族の真骨頂だったのです。

道徳教育の本筋

昨今の底の浅い道徳論議

かつて、文芸評論家の唐木順三氏が信州・八ヶ岳《やつがたけ》を訪れた際、神聖な泉の周囲に「立ち入るべからず」と注意を促す立て札があり、有刺鉄線まで張り巡らされていたといいます。

言うまでもなく、空き缶などを投棄する所業が目に余るゆえの措置なのでしょうが、唐木氏は、それで事を済ませていいのか、問題の核心は「畏《おそ》れの感情」が欠如したところにあるのではないかと見抜くのです。

そもそも、昔の旅人は泉を清潔にし、後から来る旅人たちを快く憩わせようと配慮したものです。それはなぜか。こんこんと湧《わ》き出る泉に神聖なものを感じていたからです。そういう畏れ敬する心が失われていくところにすべての根因があるというわけです。

最近では、規範意識の回復のために道徳教育の充実を図るべしとの声が高まっていますが、私は疑問なしとしません。規範意識は結果として身に備わるものであって、道徳教育の本筋ではありません。仮にそうだとしたら、マナーやルールが身につけば道徳教育はもう要らないということになります。

道徳教育とは、そんな底の浅いものではありません。人として成長しながら、それぞれの節目で成熟深化していくべき、一生を通じた人生究極の勉強なのです。

「良心を誘発するもの」

この点で参考になるのが、レーガン大統領時代の米国の教育改革です。

当時、衰退の極みに達していた学校教育の改革に乗り出したレーガンは、まず、学校の実態を徹底して調べて、さまざまな議論や分析を重ね、教育再建の方策を『危機に立つ国家』と題するレポートにまとめ、学校における規律回復ならびに学力再生に果敢に挑み、ついには成功にこぎつけます。

この改革に際し、レーガンが国民に訴えたテキサス州ダラスの演説は見事でした。

こう述べたのです。いわく、「神なしには徳は生まれない、それは良心を誘発するものではないからだ」と。

つまり、人の内部に潜在する良心を現実の生活のうえに誘発するもの、その働きが道徳教育であり、広い意味の宗教的情操がない限り道徳心は生まれないと断言したのです。

これに呼応して教育改革の陣頭指揮を執ったベネット教育長官は、「道徳教育は善に対する心の訓練だ」と表明し、強力に徳育を推進しました。こういう国民の胸をとらえる魅力ある言葉で道徳教育の再建を語り得るところに、米国の凄《すご》みがあるのだと思います。

「知育」と「徳育」は分けるべからず

よく知育よりも徳育が大事だと言われますが、これにも異論があります。知と徳を安直に分けて論じては本質は見えません。

筆者が現場でかかわった実例を挙げましょう。理科教育では実験が命のはずです。

しかし、ほとんど実験はせず入試の演習ばかりしていた時期があり、数少ない実験重視の理科教師は肩身の狭い状況でした。ところが、全国模試の結果はどうであったか。実験派教師に軍配が上がったのです。そればかりか、徳育に通じる成果まで見せたほどです。

例えば、理科の授業でウニの受精をテーマに実験を行う。薬品で受精を促し、ウニが放卵したところで、精子と掛け合わせて受精させる。受精卵は一つの細胞が二つに割れ、それが四つに割れ、三日もすると幼生になります。生徒は、そのプロセスを観察するうちに、生命誕生の神秘さに驚嘆するのです。

数学の授業でも同様の体験は可能です。どんなにチャレンジしても無理な難問中の難問を、老練の教師が生徒の目の前で鮮やかに解いてみせる。すると生徒たちの内面に感動が襲う。それは当の教師への敬意であり、学問への畏敬《いけい》の念にほかなりません。

このように、知と徳は切り離せない。道徳教育は、領域ではなく「働き」であり、分化するのではなく「統合」すべきものなのです。

「伝統」で混迷打開を

「伝統」の意味と歴史

顧みますと、戦後の教育界では長きにわたって「伝統」という言葉は禁句でした。現在は改正教育基本法の中に明記されてはいますが、それでもアナクロニズムのようにとらえる向きもいるのですから唖然《あぜん》とします。

実はこの言葉にそうした後ろ向きの意味はありません。そもそも伝統なる用語は、近代以前のわが国では用いられた形跡はなく、近代初頭に入ってきた〝トラディション（tradition）〟という外来語の訳語として創出されたものなのです。

この外来語に相当する日本語がないために漢籍を調べると、「統ヲ伝フ」という動詞形がありました。そこで「伝統」という名詞形に改めて訳語としたというのが経緯でした。

ちなみに、〝トラディション〟という言葉は十六世紀半ば、宗教改革者のカルヴァンの文章に登場するのが初出です。フランス文学者の桑原武夫氏の研究によれば、ルネサンス以降、個人の自我の解放や自由が過剰に謳歌《おうか》されていく風潮に対して、過去から受け継がれた先人の知恵や文化を見直そうとする動きの中で生み出されたのだそうです。

そういう点から、〝トラディション〟も「伝統」も近代的用語だと言って差し支えないでしょう。決してアナクロニズムなどではありません。過去の文化を尊重する態度と新たな時代に臨む進取の気象を併せ持つのが「伝統」という言葉の本来の意味なのです。

被災地に甦った班活動の体験

では、その伝統の力が学校教育の中でどのように生きて働くものなのか、一つのエピソードを紹介しておきましょう。

時は平成七年の阪神・淡路大震災の時です。来日したアメリカの教育関係者が、過酷な避難所生活を強いられながらも集団生活の秩序を保ち、ゴミの分別まで行っている日本人の姿を目の当たりにして、どうしてあのような見事なチームワークを取れるのかと強い関心を抱いたそうです。

彼らは調査を進め、その結論を文部省（当時）の関係者に伝えて帰国したといいます。いわく、「日本の学校で取り入れている班活動の成果だったのですね」と。

確かに、学校行事や清掃活動などの際は小さな班を編成して有機的な活動を展開するのが日本の伝統的な教育方法です。

その班活動を小学校以来、誰しも体験しているわけですから、避難所で知らない人と隣同士になったとしても、阿吽《あうん》の呼吸で協力関係を結ぶことができたというわけです。教育の力とはすごいものだとあらためて思います。

「向こう三軒両隣」の文化を活かす

班活動は学習指導要領で義務づけられているわけでもなければ、欧米の学校の模倣でもありません。古くからわが国の地域社会を築いてきた「向こう三軒両隣」の文化が、班活動の形で学校教育の基盤に据えられているのです。

まさに伝統の力を導入して教育の振興に活かした点は、日本ならではの先人の知恵でしょう。この伝統に根ざした班活動による学級づくりが行われていれば、卑劣ないじめが起きることはあり得ません。昨今のいじめ問題は、班活動が機能せず学級が壊れているからはびこっているのです。

今、いじめ対策の一環として、医師・弁護士など専門家による支援チームや第三者委員会の設置などが提案されていると聞きます。それはそれで結構ですが、本質の対策とは思えません。班活動をはじめ、わが国の伝統を活かした教育活動を正常化する手立てをとらなければ〝画竜点睛《がりょうてんせい》を欠く〟ことになるでしょう。

そこでここでは、班活動などを通じて子供の人間関係をいかに構築すればよいか、筆者のかつての体験から参考例を一つ示しておきます。指導のコツは何か。子供のチームは、努めて個性や資質が異なる者で編成すべしということです。

口数は少ないが物知りの雑学屋もいれば、気は優しくて力持ちもいる。勉強もスポーツもさえないが、めっぽうメカには強い者、誰より早く飛びっきりのニュースを仕入れてくる情報通等々、そんなさまざまな特長の持ち主が縁を結べば、いずれ相互に補完し合う動きを見せるものなのです。

明治維新の偉業もそうした仲間づくりが生み出したものです。伝統の力――これが混迷打開の切り札だと筆者は確信しています。

世界史的視野に立つ「総合日本史」創設の提唱

地歴独立の意義

筆者は高校で長く歴史教育に携わってきました。現在、大学でも歴史学を中心に講じています。そこで、ここでは将来を見据えた歴史教育の大胆な改革私案を披露してみます。

そもそも、高校の歴史教育に大なたが振るわれたのは、平成元年の学習指導要領改訂の時でした。その最大のポイントはなんであったか。それは、従来の社会科を解体し、宿願だった「地歴科」（地理歴史科）を誕生させた点にあります。現代社会や政治経済、倫理などは一括して「公民科」に組み入れられることになったのは周知のとおりです。

いわゆる「戦後民主主義」の担い手として、時にイデオロギー化して教えられることが多かった社会科の枠組みから、「歴史」を人文の学として奪還した改革は、画期的なものでした。しかるに、何ゆえ必履修科目が「日本史」ではなく「世界史」とされたのか。実はそれなりの背景があるのです。

筆者は関係者から直接聞いたことがありますが、歴史独立と歴史科目必履修化を実現するには、誰しも異を唱えない国際理解教育の観点から、まずは世界史を必履修科目にするのが実現性が高い。だから、日本史ではなく世界史で地歴独立の突破口を図る。そういう意見が有力だったのです。

世界史必履修化の背景

当時、世界史の必履修化を熱心に説いた歴史学者に、東洋史の山本達郎氏や西洋史の木村尚三郎氏がいました。

両氏はパワフルでした。小中学校の社会科では世界史のまともな学習はほとんどない。そのうえに高校でも世界史を選択しなかったら、世界の歴史の基礎基本を知らない日本人があふれるばかりではないか。いったい、これでいいのかと江湖《こうこ》に訴えたのです。

データも示して主張したものですから、説得力に富んでいました。都道府県別の世界史履修率一覧を見ると、昭和六十年度は六四・四パーセント。すなわち全国平均で四〇パーセント近くの高校生が、世界史を学ぶことなく高校を終える始末。低いところでは、富山県と大分県が同じく三七パーセント、徳島県に至っては二八・八パーセントという実態でした。

今日の社会はますます国際化しているのに、これでは国際社会に通用する日本人の育成は絵に描《か》いた餅《もち》だと山本氏らが憤慨し、是正に乗り出したのも、確かに故あることだったのです。

しかるに、選択科目を一挙に増やそうとする当時の趨勢《すうせい》からして、日本史・世界史双方の必履修化は困難でした。かくて必履修科目・世界史の誕生となったわけです。結局、日本史は置き去りにされました。

内と外からのアプローチを

では、これからの高校歴史教育はどうあるべきか。筆者は、二十年に及ぶ地歴科独立の意義と実績を活かし、かつ日本史と世界史の双方を学ばせる具体案として、月刊誌『正論』（平成二十年七月号）誌上で、新科目「総合日本史」の創設と必履修化を提唱したことがあります。

例えば、古代史における聖徳太子の外交については、当時のアジア史のみならず世界史全体の枠組みの中で学習して初めて歴史的意義は明らかとなります。すなわち、世界史から見る日本史学習のすすめです。

そうした歴史の書き直しを高校の歴史教育から始めるべきではないか。日中や日韓の関係史も二国間のみに固執するのではなく、広く世界史の流れから見直してみる。これが筆者の考える歴史教育改革私案です。

わが国の日本史教科書は、狭い一国主義的な見方から世界史的な視野で再編成される時期なのです。従来から見られる自国の歴史をネガティブに記述する傾向も、結局は「悪玉日本」という視点にこだわって歴史を構成しようとする点で、一国主義の歪《ゆが》んだバージョンにすぎません。

豊饒《ほうじょう》な歴史の急所を公平に理解するには、内と外の両面からのアプローチが欠かせないのです。一方に偏った時、歴史は歪んでしまいます。

古代から現代に及ぶ異文化との交流・接触の壮大な歴史展開をグローバルにとらえた立体的で総合的な魅力ある日本史像は、今こそ書かれるべきなのです。

大学秋入学を活かす奉仕活動の導入

お手伝いと道徳心

旧聞ながら、平成十年度に文部省（当時）が実施した小中学生の約一万一千人を対象とする「子どもの体験活動等に関するアンケート調査」は、示唆に富むデータです。これによれば、よくお手伝いをする子供の六〇パーセントは道徳心や正義感が身についていることが明らかとなりました。

例えば、「食器を片付ける」「ペットの世話や植物の水やりをする」などのお手伝いをする子供ほど、「友達が悪いことをしていたら、やめさせる」「バスや電車で席をゆずる」といった行動を示すのだそうです。

ところが、手伝いをしたことがない子供は四パーセント程度しか身についていなかったといいますから、そのあまりの格差には驚かざるを得ません。

そもそも袖《そで》振り合うも多生《たしょう》の縁を大事にするのが私たち日本人の感覚でした。こうした関係を義理と人情と呼んで、時に息苦しいしがらみがあるにせよ、後生大事に守ってきたのです。

お手伝い――暮らしの中でさりげなく積み重ねるこの体験活動が道義や正義の心を生み出し、血を通わせる。ですから、道徳教育は、道徳の時間の学習だけでは画竜点睛を欠きます。身をもってする奉仕体験がどうしても必要なのです。

大学秋入学を活かすベストの企画

さて、そのように考えていた折しも、国を挙げての本格的な奉仕活動を導入し、教育に活かすチャンスが出てきたのです。

東京大学が呼びかけ、賛同の声が広がりつつある大学秋入学の提案がそれです。この案は大学の入学時期をグローバルスタンダードに合わせようと意図されたものですが、ネックは高校の卒業時期との間に半年の空白が生じる点です。

そこで、この企画を進める大学サイドからは、入学前教育の学習プログラムを提供するとか、この時期を利用しての短期留学やボランティア活動、就業体験の選択肢を設ける幾つかの案などが検討されているようです。

しかし、いずれも埋め合わせ案にすぎず、こんな発想では仮に実現しても教育効果はないと見るべきでしょう。ではどうすればよいのか、筆者の提案を披露します。

今や高校は「全入」に近い状況にあり、国民教育としての位置づけが定着しています。そこで、さらに大学へ進もうとする若者については、実社会での就業に代えて公共の奉仕活動を通過儀礼として義務づけ、この体験を経た学生を大学は秋に迎える。これが筆者が考える教育改革私案です。

奉仕活動が選択肢の一つでは易きに流れるだけです。また留学については入学以降にすればよいことです。要するに、お手伝いがもたらす教育効果を活かし、奉仕活動の一点に的を絞って国家的規模で義務化を推進する大胆な改革にほかなりません。

目指すは日本流の「ノーブレス・オブリージ」

以上の提案は決して突拍子もない思いつきではありません。諸外国では、すでにこうした通過儀礼はさまざまな形で実施されています。

徴兵制度を採用している国でも、良心的兵役拒否者に対しては公共の奉仕活動をすることで代替できる措置が取られています。

例えば、オーストリアでは十八歳以上のすべての男子に六か月の兵役が義務づけられていますが、兵役拒否者に対しては州知事の承認を受けた病院や福祉施設などで九か月の代替役務を果たすシステムが採用されています。

イギリスの場合は五十万以上のボランティア団体が存在し、成人人口の二人に一人に当たる二千五百万人近くが活動に従事しているといいます。しかもこうした民間の活動が国の政策として採用されることもあるそうですから、その影響力は絶大です。

元来、イギリスは「ノーブレス・オブリージ」の国でした。この言葉の意味は「受けた特権に対して支払われるべき道徳的な義務の自覚」というもので、イギリスのパブリック・スクールが掲げてきた教育眼目です。端的に言えば、公のために生涯を捧《ささ》げる意志を養うことであり、イギリスではそれを指してエリート教育というのです。

こうした世界の国々の取り組みに負けないためにも、官民協同で公共の奉仕活動を体験させる国民的行事を実現すべく、この千載一遇のチャンスを活かしたいものです。

先人の苦闘の歴史を教える環境教育を

なおざりにされてきた森の文化

夏を迎えると、ゲリラ豪雨や深刻な水不足などの不安がよぎります。近年のように異常気象が続けばなおさらです。しかるに森林は荒廃の一途をたどり、水問題への根本的対策も依然遅滞が続いています。

他方、学校における環境教育もかつては杜撰《ずさん》な面が見られました。例えば、昭和五十五年度の小学校社会科教科書から「林業」の記述がばっさりと削除されたことがあります。

学習負担を軽減するという美名のもとに、当時の学習指導要領から「林業」を外したからにほかなりません。そこで、関係省庁や林業関係団体から抗議が巻き起こり、十年後の改訂で復活するという経緯があったのです。

こうして現在の学習指導要領では、ようやく「森林資源の育成や保護に従事している人々の工夫や努力及び環境保全のための国民一人一人の協力の必要性に気付くよう配慮すること」と改められています。

考えてみれば、遠い昔から先人が植林を続けて壮大な森を造ってくれたおかげで、われわれはその恩恵に浴しているわけです。ですから、まさかと思うような秘境であっても、先人の足跡は残っているのです。その一例を紹介しておきましょう。

剣岳山頂の錫杖

北アルプスの名峰剣岳《つるぎだけ》は標高二九九九メートルで、峰が剣のように天を突いて聳《そび》えています。そんな群を抜くほどの険しさですから、とても山頂まで登るのは無理で、前人未踏の山と思われていました。

その山に、地図を作るための測量隊が挑むことになります。明治四十年（一九〇七）のことでした。そしてついに一行は、悪戦苦闘の末に登頂に成功します。

しばし興奮に包まれていた彼らでしたが、山頂で錆《さ》びた金具を発見するのです。いったいなんなのか。よく見ると、それは錫杖《しゃくじょう》の飾りでした。錫杖とは修験者などが持つ杖《つえ》のことで、はるか昔、剣岳に登った先人が残したものだったのです。

仰天した測量技師たちは山頂の周辺を調べてみることにしました。すると、岩の上で火を焚《た》いた跡などが見つかったといいます。これらはいずれも千年も前のものと考えられるそうですから、驚くほかありません。

このように、どんなに険しい奥地でも先人は分け入って木を植え、丹精を込めて守り育て、森を築いてきているのです。その偉業を教えなければ、環境教育は画竜点睛を欠いてしまいます。

そこで、今どきの児童生徒も感銘する史実を紹介しておきます。

森を築いた先人の知恵と情熱を学べ

さかのぼること江戸時代の文化十二年（一八一五）、火山灰土の阿蘇山の麓に人が定住できる豊かな里を築こうと、御山支配役の光永直次の呼びかけで始まった杉の植林事業は二百四十万本に達したと伝えられています。

結果、地下に蓄えられた水が泉となり、ついには川をなして流れるに至る。この偉業は『日本山林史』（日本山林史刊行会）にこう書き留められています。

「清水御山は、往古より（中略）毎年盛夏水勢衰へ、下流の各村旱損《かんそん》（干害）を憂ふること久しきを以て、御山支配役光永直次は、郡奉行と謀り、文化十二年植林の業を起し、弘化四年迄に二百四拾萬本の多きに達したるが老を以て退き、其子直治之を継続して、慶応三年業を竣《お》ふ。明治維新後五拾萬本の杉・檜蓊蔚《ひのきおううつ》として林立し、淵源《えんげん》滾々《こんこん》として尽きず、下流の水勢年々加はれり」

これが今日、学術参考保護林としても名高い吉無田《よしむた》高原です。この杉山のおかげで平成六年の渇水の際も水は涸《か》れることなく、人々の注目を集めました。このように、先人の遺産のたまものとしてわれわれは芳醇《ほうじゅん》な水を享受しているのです。

環境ホルモンやダイオキシン、地球温暖化などの知識や問題を知ることも必要なことでしょう。しかしそれだけなら、環境問題の知識が増えたにすぎません。緑の国土を守ろうとする意思と意欲が力強く内面にみなぎってこなければ意味はないのです。

環境教育の根底には、わが国のうるわしき山河を守り育ててきた、名も無き先人の苦闘の歴史を感受する体験が不可欠です。

その第一歩として故郷の第一次産業を本格的に体験する教育プログラムを策定し、先人の苦闘の跡を学ぶこと——これこそ小学校の英語教育などよりはるかに大事な教育だと筆者は考えます。

戦後教育を総点検して「危機管理教育」の導入を

中教審を動かした釜石の子供たち

東日本大震災下、あの巨大津波からわが身を守り抜いた子供たちがいます。岩手県釜石《かまいし》市の約三千人の小中学校の児童生徒です。どうしてそんなことができたのでしょうか。

実は釜石市では、防災教育の専門家で群馬大学教授の片田敏孝氏を招き、津波対策のカリキュラムを策定し、徹底した防災教育に取り組んでいたといいます。

その目標は、「自分の命は自分で守る力を育てる」というもので、小学一年生から中学三年生まで、学年ごとに防災授業の内容が具現化されているのです。しかも理科や社会などの教科にも防災授業を取り入れているというのですから、敬服させられます。

では、実際の地震に直面して子供たちはどう動いたか。彼らはただちに津波を予想、日頃の学習どおりに指定の高台にまでたどり着いています。しかし、押し寄せる津波の勢いを見て、さらに後背地の高台にまで移動するのです。案の定、津波は指定の避難所を襲いましたから、子供たちの判断は的確だったわけです。この間、中学生は不安がる小学生を励まして誘導したといいます。

この偉業を指して、マスコミは「釜石の奇跡」と呼んでいますが、当事者の子供の一人はインタビューに「避難訓練で何回も練習してるから『釜石の奇跡』ではなく、実力を発揮しただけです」と応じています。こんなことを言える子供が育っているのです。

ちなみに、この釜石の事例は感動を呼び、中央教育審議会まで動かし、平成二十四年三月の中教審答申では、子供自身がわが身を守るための防災教育へと転換を表明するに至っています。

スイスの『民間防衛』に学べ

顧みますと、戦後のわが国では国家の安全保障はもとより、社会防衛の意識すら希薄なままの時代が長く続きました。これと対極に位置するのが永世中立国スイスです。スイスでは『民間防衛』というハンドブックが各家庭に常備されています。中身は他国からの侵略や災害などのあらゆる危険から身を守るための防衛マニュアルです。ですから、防衛施設も充実しています。特に核シェルターの築造には力が注がれてきました。かつて十万人を収容可能な核シェルターが工事中で、話題をさらったことがあります。一般規模のシェルターなら、公共の設備として至るところに設けられています。

内部には医療設備、調理室や食堂、子供のための遊び場や通信施設なども用意され、万一貯水池に毒物を混入された場合は地下水をくみ上げて利用するために鑿岩機《さくがんき》やコンプレッサーまで備えるという周到さです。

これに対してわが国の場合、観念的平和論を説くばかりで、こと防衛に関して無頓《むとん》着《ちゃく》でした。イデオロギー勢力による「反戦平和」の偏向教育は、その典型だったと言ってよいでしょう。

今や危機は中韓両国による領域侵犯や頻発する自然災害をはじめ、青少年の凶悪犯罪や鳥インフルエンザに象徴される忍び寄るウイルスの恐怖等々、社会防衛の意識と能力が問われる事態を迎えています。

危機に備える必修教科の創設を

そこで筆者は提唱したいのです。中教審答申が表明した防災教育を自然災害に限定せず、平和と安全はいかなる努力によって守り得るのか、必修教科として教えるべきだと。

現下の学校教育では、危機管理のための教育活動は、釜石などの一部を除いてお粗末そのものです。例えば、わが国の水泳教育は、底の浅いプールでばた足に始まってクロール泳法を身につけさせる指導法が定着していますが、これは競泳向きのスタイルです。

ところがイギリスなどでは、まず平泳ぎを修得させ、着衣のまま泳がせる指導や水難救助の方法も教え込むのが主流と聞きます。プールの構造も浅い底面だけでなく、背の立たない深みも設けているそうです。自然の地形は人間のためにできているのではない、思わぬ落とし穴もあるのだという真実の姿を自覚させるためにほかなりません。

わが国もこれを機会に、まずは教育活動を総点検すべきではないでしょうか。開いた口がふさがらないような事例が幾つも出てくるに違いありません。七十年に及ぶ「戦後教育」の怠慢と偏向ぶりが白日の下にさらされるのですから、それはそれで仕方ない。改めて出直せばいいのです。

釜石の子供たちが身をもって示したように、寄せ来る危機を切り抜ける力を育てる「危機管理教育」の導入を図るべし——これが筆者が考える教育改革私案の一つです。

官民の連携による道徳教材の「全国公募」を

名作「稲むらの火」の主人公

時は幕末、嘉永から安政へと改元された年、紀伊半島沖を震源地とする安政南海地震が発生。この時のマグニチュードは推定八・二、紀伊半島西岸は地震よりも津波の被害が甚大だったといいます。

この津波に襲われた地域に紀伊和歌山藩有田郡広村《ひろ》があり、当地在住の濱口梧陵《はまぐちごりょう》（儀兵衛）は住民救援のために死力を尽くして奔走。のちに彼の偉業は戦前戦中の小学国語読本に「稲むらの火」と題して収録されました。

梧陵は、この物語では五兵衛という名の庄屋として描かれていますが、実は濱口家は千葉県の銚子で醤油《しょうゆ》の醸造業を始め、ヤマサ醤油を興した一族でした。彼はその分家の長男として広村に生まれ、本家に跡継ぎがいなかったため若くして当主を継いでいます。

時あたかもアヘン戦争が勃発し、清国はイギリスに完敗。梧陵は商売だけに専念していい時代ではない、国民の一人としてこの国を守護しなければならぬと決意し、幕末の思想家として名高い佐久間象山の門を叩《たた》き、さらに勝海舟と親交を結ぶのです。

こうして、嘉永四年（一八五一）には故郷に民間防衛組織「広村崇儀団《すうぎだん》」、さらには青年教育のための私塾「稽古場《けいこじょう》」を創設するのです。内外の危機に対処するには人材育成が急務と考えたからにほかなりません。

ちなみに、この私塾は耐久社と名前を改められ、現在は公立の耐久中学校、耐久高等学校として受け継がれています。

戦前の文部省の英断

ところで、ここで紹介したいのは、この不朽の名作が小学国語読本に採用されるに至った経緯です。

確かに戦前は国定教科書でしたから、教材は一方的な押しつけであったかのように思われがちですが、必ずしもそうではありません。意外にも昭和八年からしばらくの間、時の文部省は全国の学校教師を対象に国語と修身の教材を公募し、最良の教科書を創《つく》ろうと努めていた時期があるのです。

その証左が『文部時報』第四六二号（昭和八年十月二十一日）に公表の「文部省ニテハ尋常小学修身書及小学国語読本（尋常科用）資料ヲ募集ス」と題された募集要項です。

この画期的な試みに応募した一人が、和歌山県湯浅町の小学校に勤務していた二十七歳の中井常蔵氏でした。中井氏は郷土の幕末史に刻まれた梧陵をモデルに「燃える稲むら」一編を書き上げ、募集に応じたのです。

文部省はタイトルこそ「稲むらの火」と改題したものの、本文は原文どおり教科書に収録しました。中井氏は後年、当時の思い出をこのように述懐しています。

「文部省が民間から国定教材を採入れるというようなことは洵《まこと》に未曾有《みぞう》の英断であり、（中略）かねてから子供に愛される教科書、子供に親しまれる教材ということを念願していた私は、その渇望の一つを自分の手でと考えて応募した」

この証言に見るとおり、当時の文部当局の懐の広さ、片や呼びかけに応えた地方教師の情熱。名作「稲むらの火」は、こうした官民による絶妙の合作で誕生しているのです。

道徳教材は公募すべし

今日の教育の混迷を打開すべく、有識者に委嘱して提言を要請したり、教員免許更新講習など制度充実を図るのも大いに結構ではあります。

しかし、いずれも教育の条件整備ばかりで、教育の本質的な改革からは遠い。そうした印象が拭《ぬぐ》えないのです。子供たちの心に直接届く花も実もある肝心要の改革が見当たらないのは残念というほかありません。

ではどうしたらよいか。筆者は、平成の教育改革は「稲むらの火」教材化の先例にあやかるべしと言いたいのです。具体的には文科省が音頭を取って、小中高の道徳教材を全国に公募するという企画です。

文科省が尻込みするなら、地方の志ある教育委員会が主導すればいいし、学校が直接地域に呼びかけて独自の教材を作成してもよいでしょう。

いずれにせよ、教育改革を梃子《てこ》に国民の英知を結集するのがねらいです。その契機となり得るのが、道徳教材の「全国公募」という壮大なプロジェクトなのです。

今の世にあっても、平成の子供たちのために、珠玉の道徳教材を書き上げて呼応する第二、第三の中井常蔵は、必ずや出現するに違いありません。

「和魂」を取り戻せ——日本を学ぶ専門の教科を

「日本」不在の教育界

時は明治十九年（一八八六）十月のこと、明治天皇は東京帝国大学を視察された際、どうしても気になることがあられたようで当時の総長に御下問になったことがあります。

この時の場面は、元田永孚《もとだながざね》が『聖喩記《せいゆき》』と題して記録に残していますが、ここでは明治天皇の皇女に当たる東久邇宮聰子《ひがしくにのみやとしこ》様が紹介されていますので、その一文を引いておきます。

「（明治天皇は）東大に日本の学問の科目がないことを指摘され、『日本人の最高学府が、日本の学問を捨て、おろそかにしているように思うが、その点はどうか』と、時の学長に厳しく糺《ただ》されたのですが、日本人が日本自体を学ぶことなく、西欧の学問だけにとらわれている風潮を、とても心配されたわけです」（「明治天皇思い出の種々」）

この挿話に見るように、すでに明治時代から日本軽視は始まっていたのです。もちろん、外国の進んだ文明を学び取ることは極めて大事なことです。明治天皇が問題とされたのは、和魂洋才の「和魂」を磨く場がないことでした。

翻って、今の時代はどうか。「日本を学ぶ」学習機会は大学どころか、初等中等教育からも姿を消しています。ですから、いざ国際交流の場で、日の丸は何を意味しているのかと聞かれても、ぽかんとして何一つ答えられない事態を招いているのです。

小さな外交官のための「私塾」

筆者はここ七年ほど、NPO法人アジア太平洋こども会議イン福岡に併設された「世界にはばたく日本のこども大使育成塾」の塾長を務めていますが、引き受けることにしたのには理由がありました。

実は事務局からこんなことを聞いたことがあります。ある年、海外研修の帰国報告会に臨んだ児童が「もっと日本のこと、博多のことを勉強して行けばよかった」と涙したというのです。

要するに、外国で日本のことを聞かれても答えられず、恥ずかしい思いを味わったというわけです。この一件を聞いた筆者は、塾長就任の依頼を断れなくなりました。

こうして選抜された小学校高学年の児童（定員三十名）を対象に、一期一年四か月に及ぶ、日本を学ぶ「私塾」に取り組んでいます。主な学習テーマは次のとおりです。

①地理・自然　②象徴（国旗・国歌）　③歴史と文化　④第一次産業　⑤技術
⑥年中行事　⑦学校生活　⑧家庭料理　⑨遊び・スポーツ　⑩国際交流

これらを学習する際は、具体的な事例を調べさせるのがコツです。例えば、日本の学校を外国の友達に紹介するなら、学校掃除を取り上げて調査するわけです。

実際に調べていくと、外国では子供に掃除をさせる事例は少ないことに気づきます。特に欧米では業者に任せるのがほとんどです。なぜ日本では子供に掃除をさせるのか。

このような疑問を追究することで、次第に日本人の美意識や宗教観にまでたどり着くのです。小学生といえども、そこまでの知的作業をさせるのが筆者の流儀です。

「和魂洋才」の新設教科を

自然の豊かさや四季の変化に培われた日本人独特の感性や美意識。自己を顕示することより互いに察し合うことを重んじる国民性。さらには、魚の尾が揺れるのを見て舵《かじ》を着想し、ひれで左右に進むのを参考に櫓《ろ》を発明した先人の英知等々――。

こうした日本の真実の姿に触れると、子供たちはまるで水を得た魚のように甦《よみがえ》ってきます。そこで提唱したい。学校教育の中に日本を学ぶカリキュラムを編成すべしと。

こんなことを言えば、怪訝《けげん》に思う向きもあるでしょう。国語の授業を受け、社会科で日本史や地理、国の仕組みなどを学んでいるじゃないか。そんな声が聞こえてきそうです。確かに、表向きにはそのとおりです。しかし、いろんな教科で脈絡もなく申し訳程度に取り上げるのでは印象はあまりに薄い。だから思い切って、一つの教科として独立させ、教科書も作成するのです。

併せて、今までの修学旅行も見直し、日本学習の総決算として位置づける。明治維新ゆかりの萩《はぎ》を訪問先にしてもいいし、日本人の信仰心のユニークさに児童の興味が高まれば、伊勢神宮学習の旅とするのも意義があります。

こうしたアイデンティティを育てる取り組みは、諸外国でもますます推進されている昨今です。そろそろ、わが国も明治以来の宿題を今こそ果たしたいものです。

言霊幸う国の民よ、言語感覚を取り戻せ

乱れゆく言葉を糺せ

最近とみに言葉の乱れが目立ちます。なぜ目立つのか。それは乱れを乱れと感じる国民が少なくなったからでしょう。

その典型が、文頭に「なので」を用いる昨今の風潮です。明日は雨になりそうです。なので社会見学は延期します。こんなふうに言うわけです。国語の作法上、あり得ない表現です。「なので」は上の文に直接つなげて用いる言葉ですから、文頭に使うことはできないのです。

正しくは、明日は雨になりそうなので、社会見学は延期します、と言わなければなりません。ところが今や、民放どころかＮＨＫの局員までが公共の電波で乱用するのですから呆《あき》れ果てます。

一方、イデオロギーによって国語が歪められるケースもあります。典型的な例が、

こどもは「子供」ではなく「子ども」と交ぜ書きすべきだという主張です。その理由として言われるのが、子供は大人のお供でもなければ、お供え物でもない。だから、そういう侮蔑《ぶべつ》的表現はやめて「子ども」と書こうというわけです。

ちなみに、社会運動家として知られ、マルクス主義の歴史学者・羽仁《はに》五郎の妻でもあった羽仁説子はその提唱者の一人でした。

こうした主張は、もっともらしく聞こえますが、恣意《しい》的なこじつけにすぎません。子供の「供」は江戸期から使われ始めた当て字で、子供を侮蔑する意味はありません。

そこで筆者は、漢字表記をするよう孤軍奮闘していたのですが、先日、嬉《うれ》しいニュースが飛び込んできました。文部科学省が省内の公文書上の表記は「子供」に統一するとの一報です。遅きに失したとはいえ、その勇断を筆者は諒《りょう》とします。他も見習ってほしいものです。

亡国の兆し——カタカナ語の氾濫

もう一つ、言霊《ことだま》の幸《さきは》う国の民でありながら、恐るべき言語感覚に堕《お》ちた実例を、われわれは福島の原発事故報道で目の当たりにしました。この一件は看過できない問題ですから一言しておきます。

原発の専門家は平然とした口調でこんなふうに言い続けたのです。いわく、どうも原子炉内がメルトダウンする可能性があるので、ベントをして周辺地域にはモニタリングポストを増設して様子を見ようと思う、と。

万事がこんな調子でした。一刻も早く最新情報を知りたいのに、煙《けむ》に巻くような状況説明だったのです。彼らは自分たち仲間内だけに通じる符丁《ふちょう》のような専門用語で国民に語り続けたと言ったほうが正確でしょう。

さらに怪訝に思ったのは、こうした独り善がりの記者会見をたしなめる具眼《ぐがん》の士がほとんどいなかったことです。

筆者の知り得た限りで言えば、これらの由々しき事態を指摘したのは社会学の泰《たい》斗《と》・加藤秀俊氏ただ一人でした。

加藤氏は産経新聞（平成二十三年八月二十九日付）の正論欄で「嗚呼《ああ》、落ちた日本人の造語力よ」を書いて、震災報道におけるカタカナ語の乱用を厳しく戒めておられます。

国を守る真の国語教育を

こんな体験談も聞きました。年末の特集番組で報道記者が語った取材のエピソードです。取材していると、原発専門家らの口から頻繁に「サプチェン、サプチェン」というカタカナ語が飛び出してくる。

その様子から重要な用語らしいが、何を意味するのかさっぱり分からない。彼らに聞いても忙しく立ち回っていて、なかなか相手にしてもらえなかったそうです。

そんな苦労の挙げ句、ようやくサプチェンとはサプレッションチェンバーの和製略語だと突き止めたといいます。日本語で言えば圧力抑制室、原子炉内の圧力上昇を抑えるためのドーナツ型の装置を指すのです。

これが報道の舞台裏です。誰にも分かるように説明しなければならないのに、その意識と自覚がどこかに飛んでいたのでしょう。

先ほどの例で言えば、原子炉の底が溶ける可能性があるので、今、換気をしているところ。また、放射線量を調べるため観測装置も増設する。このように説明すればよかったのです。

ところが、カタカナ語が延々と垂れ流されたわけです。おい、何をやっているんだ。被災者をはじめ国民に通じる日本語を使え。このように叱《しか》り飛ばすリーダーが出なかったことは、返す返すも残念でなりません。

何も災害だけではありません。言葉を愚弄《ぐろう》すれば国は滅びるのです。そういう意味でも、国語教育の根底からの改革は喫緊の課題と断言できます。

「辞書」に思う――学問の水先案内人を活用せよ

辞書と私

折々に無学を痛感する筆者にとって、辞書は何より有り難い存在です。自宅には辞書類が所狭しと散乱しています。筆者の人生の師・小林秀雄先生が諸橋《もろはし》漢和を引き引き、伊藤仁斎《じんさい》や荻生《おぎゅう》徂徠《そらい》を読んだと聞けば、古本屋から諸橋轍次《てつじ》著『大漢和辞典』を破格の値で仕入れた思い出は懐かしい。

かつて勤務した高校でも現在の大学においても、筆者の授業では、必ず辞書を持参のうえで受講するのが決まりです。仮に忘れようものなら、縮み上がるほど一喝する。辞書の活用頻度は、おそらくどの授業よりも抜きん出ているはずと自負しています。

筆者の辞書との出会いは小学校四年の時にさかのぼります。父の仕事の関係で、愛媛県に転校を余儀なくされました。わが子をかわいそうに思ったのでしょう、なんでもいいから欲しい物を言ってみろ、買ってやると言うのです。

そこで松山市の大きな本屋で一冊の分厚い学習百科事典を所望、買ってもらったことがあります。これが辞書との馴《な》れ初《そ》めでした。

十センチはあろうかというほどの本格的な事典で重くもあったが、嬉しくて毎日学校へ持参したものです。汚れたり破れたりはしたものの、製本がしっかりしていて、酷使に耐え続け、中学の途中までわが友でした。

小学校時代の思い出の本は何かと問われたなら、まず『母をたずねて三千里』と、この事典の二冊に指を屈する。それほど親しんだものです。

新旧で判断すべからず

高校時代、できはさえないものの、英語辞書なら斎藤秀三郎の『熟語本位英和中辞典』、国語系なら『広辞苑』（共に岩波書店）などにこだわりました。辞書は一流を用いる、そんな密《ひそ》かなプライドがありました。これは今も変わりません。

教師や親が子供に語ってほしいのは、こうした事典・辞書の面白さです。例えば、小中学生向き（高校生の使用にも充分耐え得る）のいちばんいい百科事典は何かと問われたなら、何を紹介するか。筆者なら即座に玉川大学出版部が出していた『玉川児童百科大辞典』全二十一巻を推します。

この辞典は、すでに二十年近く前に絶版になっていますから新しい用語が収録されていないという難点はあるものの、その解説は実に分かりやすく秀逸です。今なら古書店で二束三文の値段で入手可能。どの分野ならいずれの辞書がいいのか、教師たる者、そのくらいの見識は備えておくべきです。

ちなみに、古い辞書だからと言ってばかにはできません。例えば、地名の由来を知ろうとするなら、最上の辞書は吉田東伍《とうご》の『大日本地名辞書』全八巻（冨山房）です。この辞書は明治二十八年（一八九五）から同四十二年にかけて編纂《へんさん》されたもので、以後幾多の地名辞書が出ているものの、これを凌駕《りょうが》するものはないはずです。

国語統一は「独立の標識」

古いと言えば、日本初の国語辞書である大槻《おおつき》文彦著『言海』は明治二十四年の刊行です。爾来《じらい》、改訂を重ねて『大言海』と改められましたが、筆者の好きな辞書の一つです。

『言海』の魅力はなんと言っても「名詞」の解説にあります。例えば、「ねこ」についてはこんなふうに記述されています。

「人家ニ畜《やしな》フ小キ獣、人ノ知ル所ナリ、温柔ニシテ馴レ易ク、又能《よ》ク鼠《ねずみ》ヲ捕フレバ畜フ、然レドモ、窃盗ノ性アリ、形、虎ニ似テ、二尺ニ足ラズ、性、睡リヲ好ミ、寒ヲ畏ル、毛色、白、黒、黄、駁《まだら》等種種ナリ、其睛《そのひとみ》、朝ハ円《まる》ク、次第ニ縮ミテ、正午ハ針ノ如ク、午後復《ま》タ次第ニヒロガリテ、晩ハ再ビ玉ノ如シ、陰処ニテハ常ニ円シ」

これはもう、ほとんど文彦が飼う愛猫の紹介かと見紛《みまが》う説明です。客観性もありながら対象への愛情もあふれています。このように、語意を調べるというより読み耽《ふけ》りたくなる辞書、これが『言海』の真骨頂です。

文彦は『言海』の編纂に十七年の歳月をかけています。その間、二歳の娘と妻を相次いで亡くすのです。どんなに耐え難かったことか。ページをめくるたびに、想像を絶する艱難辛苦《かんなんしんく》が偲《しの》ばれてなりません。

そこまでして彼をかき立てたものとはなんだったのでしょうか。『広日本文典』にこう書いています。いわく、「一国の国語は、外に対しては、一民族たることを証し、内にしては、同胞一体なる公儀感覚を固結せしむるものにて、即《すなわ》ち、国語の統一は、独立たる基礎にして、独立たる標識なり」と。

辞書は学問の貴い水先案内人なのです。時には愛用の辞書を教室に持ち込んで、活用の醍醐味《だいごみ》を語ってやったらいかがでしょうか。

もてはやされるコミュニケーション能力に苦言を呈す
――人間の資質・能力は単純ではない

世渡り上手が評価される風潮

昨今はコミュニケーション能力の育成が大流行しています。企業が採用に当たって求める能力の第一位なのだそうです。

どんな能力なのかと言えば、厚生労働省では、意思疎通、協調性、自己表現力の三つを挙げていますから、人材を送り出す学校はこれらの育成に今や躍起です。

その結果、コミュニケーション能力があれば立派な社会人、足らない者は社会的不適格者のように扱われる。そういう風潮が広がりつつあります。つまり、人の値打ちまでコミュニケーション能力のあるなしで決める。

しかし、そういう場合のコミュニケーション能力という言葉は、単に世渡り上手という意味で使われているケースが多いように感じます。

そういう処世術に長《た》けた者は評価され、社交下手は低く見られる。どうもそうした人間評価には納得がいきません。筆者は異論があるのです。

確かに、企業にとっては人当たりがいい人材が欲しいのでしょうが、そんな処世術など実際の仕事の中で揉《も》まれれば早晩身につくものなのです。

第一、学生の身ながら社交辞令を立て板に水のように言えたとしても、筆者はそんな若者にちっとも魅力など感じません。

「巧言令色」と「弁論術」

おしゃべり上手がよい子で、口下手は駄目だなんて甚だしい偏見です。論語に「巧《こう》言令色鮮なし仁《げんれいしょくすくなしじん》」と説かれているでしょう。口先が巧みな者に仁がある者は少ないという辛口の教えですが、今も真実だと思います。

古代ギリシャでは、巧みな弁論術を身につけた若者が口先の舌戦に狂奔して社会を混乱に陥れたことさえあるほどです。その有名な例の一つが、ソフィストのプロタゴラスと弁護士を目指す生徒のエウアトルスの間で行われた法廷論争です。

プロタゴラスは初めに授業料の半分を納めてもらい、残りはエウアトルスが最初の裁判に勝てば支払ってもらう約束をするのですが、裁判の仕事もしなければ授業料を払う気配もない。そこでプロタゴラスは教え子を訴える。ところが、弁論術を身につけたエウアトルスは、こう切り返すのです。

いわく、「この裁判にプロタゴラス先生が勝ったなら、私は最初の裁判の仕事に負けるわけだから、約束どおり授業料を払う必要はないし、私が勝ったなら、判決に従って支払いの義務はありません。ですから、いずれにせよ私は授業料を先生に支払わなくてもいいわけです」と。

こういう屁理屈《へりくつ》を詭弁《きべん》と言うのです。こんな連中があちこちに出没するのですが、そこに無知の知を説くソクラテスが登場するのは有名な話です。

このように、昔の先哲が怪しいと直感した巧言令色や雄弁術は、今日もてはやされているコミュニケーション能力とほとんど同義語ではないかと思われてなりません。

筆者は、人付き合いがそんなに上手でなくてもいいから、友達との約束を守ったり、人一倍責任感が強かったり、惻隠《そくいん》の情が豊かだったりするほうがはるかに立派だと思います。

とにかく、コミュニケーション能力というのは、求める側から見ると、これほど都合のいい重宝な言葉はありません。その場に応じてどんなふうにも使えますから。

例えば、相手に意思をきちんと伝える能力として使えるかと思えば、自己主張を控えて周囲に合わせる処世術としても取り上げることが可能でしょう。こんな流行語は怪しいと見るべきなのです。

「百尺下の水の心を、水の深さを」

それともう一つ、コミュニケーション能力に関連して、「場の空気」を読めることが必要だと言われます。とにかく周りから逸脱しないよう求められる。

ですから、かつての時代に求められた個性や創造力は、最近ではあまり言われません。むしろ、組織の秩序を阻害する要因として後退を余儀なくされている嫌いがあります。

とにかく、議論すれば場の空気が読めないコミュニケーション能力に欠けた人間ということで烙印《らくいん》を押される。こんなことがまかり通れば、それこそ古代ギリシャと同じで、社会を堕落させかねないのです。

筆者は、自分は世渡り下手だと悩む人に吉川英治の次の言葉を贈りたい。名作『宮本武蔵』の結びの言葉です。

「波騒は世の常である。波にまかせて、泳ぎ上手に、雑魚《ざこ》は歌い雑魚は踊る。けれど、誰か知ろう、百尺下の水の心を、水の深さを」

道徳教材を再考せよ──「偉人伝」にふさわしい人物を

社会貢献を教えない日本の学校

毎年発表される大学生の人気就職先のランキングを見ると、業界最大手の総合商社や金融機関ばかりが並んでいます。ところが外国ではそんなことはありません。

例えば米国の場合、「理想の就職先調査」によれば、グーグルやマイクロソフトなどの有名企業を抑えて、非営利団体の「ティーチ・フォー・アメリカ」などがトップにランクされたことがあります。

この団体は、全米の学校格差を是正すべく名門大学から優秀な学生を集め、卒業後の二年間、不振の学校に教師として派遣する事業に取り組んでいます。それがトップになったというのですから驚きでした。

一方、わが国の若者は有名企業にばかりあこがれる。そのこと自体を否定はしませんが、あまりに画一的すぎるのです。どうしてこんなに個性がないのか。どうもこれまでの教育に問題があるように思われます。

それを裏づけるデータの一つが、国立教育政策研究所が平成十七年度に全国の小中学校約二千八百五十校の校長と、保護者約九千人を対象に実施した調査結果です。

この調査の中で、これまで充分に取り組んでこなかった教育活動は何かと問われて、校長も保護者も同様に、「社会や他人のために尽くすこと」を挙げたのです。要するに、学校でも家庭でも社会への奉仕の意義については教えていないというのです。

おそらくどう教えていいのか分からないのでしょう。これが現下の日本の現実です。

「偉人」とは何か

では、どうしたら現状を打開できるのでしょうか。即効薬はありません。しかし地道ではあるが、確実な方法があります。それは格調高い国語でつづられた「伝記」を子供たちに提供し続けることです。

文部科学省もようやく気づいたようです。平成二十六年四月、画期的な道徳教材を全国の小中学校に配布しました。従来の「心のノート」を全面改訂し、偉人伝などの読み物を中心に編集した画期的な副読本です。古今のさまざまな人物が取り上げられていて、興味をそそります。

ただ一点だけ、指摘しておかなければならないことがあります。それは「偉人」とはどんな人を指すのかという最も大事な定義が抜け落ちている点です。これは他の多くの偉人伝にも言えます。

やはり偉人とは何かという人間洞察が要るのです。オリンピックでメダルを取ったから偉人というのでは困るのです。

それでは道徳教育上の「偉人」とはどんな人がふさわしいのか。端的に言えば、低学年では「親孝行」に尽くした人、上級学年の場合は、「公」のために生きた人。これに尽きます。

個人としてのサクセスストーリーは各自の読書で大いに読めばいいのです。なんでもかんでも道徳の授業の範疇《はんちゅう》に突っ込んではいけない。焦点がぼやけてしまいます。

何を貴いと見るか

例えば、「努力」というテーマで教材を探したところ、あるお笑いタレントが世界一周のマラソンに挑んだ事例があるので、それを読み物にして道徳の教材にしたとします。しかしその事例は個人的な挑戦であり、しかもスポンサー付きの番組の企画でしょう。面白くはあっても道徳とは違う。

同じように各地を走ったり歩いたりする事例なら、私は伊能忠敬《いのうただたか》を取り上げます。彼の場合は、正確な日本地図を創ろうという公的な志に突き動かされて歩いたのです。そこが貴いのです。その一点で立派な道徳教材になります。ですから、有名無名は問わない。シンガーソングライターの中島みゆきさんは、そういう人を「地上の星」と呼んで歌いました。

さて、以上のような話をすると、学校現場や教育委員会の関係者から、あなたの言う趣旨にふさわしい偉人伝はありますかとよく聞かれます。そのたびに筆者は、モラロジー研究所出版部編の『歴史に学ぼう、先人に学ぼう』第一集から第六集が最良のテキストですよ、と答えることにしています。

この出版物は、モラロジー研究所が公募した「歴史に学ぼう、先人に学ぼう」の入選作品集です。そこには、全国津々浦々で一隅を照らし続けて生きた高貴なる先人の姿が誇りを持って書きとどめられています。

偉人とはいったいどんな人なのか。本書を読めば胸に沁みて分かります。是非ご一読のほどを。

「役立ちたい」心を大きく伸ばせ――先般の国際比較調査に思う

世界最下位の自衛意識

目下、集団的自衛権をめぐって甲論乙駁《こうろんおつばく》の議論が飛び交っていますが、そもそも国民の自衛意識はどうでしょうか。

ある国際比較の調査によりますと、「あなたは他国が攻めてきたら自国のために戦いますか」と問われて、イエスと答えた回答率が世界で最下位だった国は日本でした。ところが最近、目を疑うようなデータを見つけたのです。平成二十五年の年末に内閣府が行った、英米仏の先進国や隣国の韓国など七か国の十三歳から二十九歳までの男女を対象とする国際比較の調査でした。

これによると、「自国のために役立ちたいか」という問いに対して、日本の若者の五四・五パーセントが「役立ちたい」と回答し、他の国を抜いてトップに立ったというのです。

これは実に不思議なデータです。なぜなら、冒頭に挙げたデータのように国の防衛や愛国心などの調査ではいつも最下位に近い結果ばかりですから、国のために貢献したいなどと思うわけがないはずなのに、意外な結果だったのです。どう理解したらいいのでしょうか。

見るに忍びない祖国の現状

現下の日本を見れば、相次ぐ中韓両国からの国権の侵害、東日本大震災による打撃、さらには陰湿ないじめと学校や教育委員会当局の無残な実態、偽装して人を欺く卑劣な商売人の跋扈《ばっこ》等々、内憂外患ここに窮まれりといった状況です。

そんな現状を目の当たりにして、普段は国家意識などほとんどないのに、見るに忍びない思いがわれ知らず兆《きざ》す。おそらくそうだったのではあるまいか、と筆者は思うのです。

たとえどんなに過去の歴史を断罪するよう洗脳されても、祖国危うしという瀬戸際に直面すると、イデオロギーの呪縛《じゅばく》を解き放って日本人の自分が目覚める。この国には、そんな不思議なことが時に起きるのです。その証左を歴史から引いてみましょう。

一六三七年の島原の乱の時、十六歳の天草四郎は幕府軍がオランダや明に援軍を頼んだと知るや、原城から幕府側に矢文を放ちます。日本人同士の戦いに外国の力を借りるとは日本人としての面子が立たないといった趣旨の文面です。キリスト教への信仰に生きた天草四郎にも、やはり日本人としての意識や心情が息づいていたのです。

先の内閣府の調査結果も同様だと思います。そう考えなければ、なぜお国の役に立ちたいと若者の過半数が回答したのか、その理由は説明がつかないでしょう。

どんな機縁を提供できるかが勝負

では、こうした若者にわれわれは何ができるのか。筆者の場合、国のために生きた先人のさまざまな人生を歴史の闇《やみ》から発掘し、忠実に再現して若者の前に示すことしかできません。近年もそういう仕事に当たっています。

福岡市の城南ロータリークラブから創立三十五周年記念事業として中学二年生向けの道徳副読本を作ってほしいと依頼されて執筆、平成二十六年春、ようやく上梓《じょうし》して市内のすべての中二の生徒に学校を通じて配布したところです。

書名は『立志の若者へ』。Ａ五判七十六ページの小冊子です。この中には、例えばブータンの農業改革に生涯を捧げた西岡京治さんという人物を取り上げています。

西岡さんは海外技術協力事業団（現在の国際協力機構）の農業指導者として昭和三十九年にブータンに赴任し、農業の一大改革をやり遂げ、平成四年に現地で死去。ブータンで知らぬ人はいないと言われる日本人です。

筆者は福岡の小学校高学年を対象に「こども大使」を育て、アジア太平洋各国に派遣しています。もちろんブータンにも送ります。その際、事前に西岡さんの偉業を調べさせレポートを作成させますから、帰国すると大学の筆者の研究室を訪ねて来て、西岡農場の写真を並べ、嬉しそうに説明してくれます。

このように、子供にあやかりたいと思える先人の後ろ姿を示してやる。その中身が本物だったら、周囲がお節介を焼かなくても人は内発的に動き始めるのです。

今般目にした不思議なデータの一つを見つめながら、そんな感想が浮かびました。

「対話の文化」を復活させよ——ほめる教育の光と影

「ほめられる子供は伸びない」

近年、米国で話題を呼んだ本があります。ポー・ブロンソンとアシュリー・メリーマンの共著『間違いだらけの子育て』（インターシフト）という本です。とにかく、データや実証的な裏付けが豊富で説得力があるだけに、ベストセラーとなりました。この中に、「ほめられる子供は伸びない」という刺激的な一章があり、こんな実例が紹介されています。

子供の集団に易しいテストを受けさせた後、無作為に二つのグループに分け、一方のグループには頭のよさをほめ、もう一方には努力を評価する。そのうえで、難易度に差がある二種類のテストを用意し、どちらかを選ばせる。すると、努力を認められた子供の九〇パーセントは難問のテストを選択、知能をほめられた子供の多くは易しいほうを選んだそうです。

さらにその後、再び簡単なテストをやらせてみると、「努力」グループの成績は約三〇パーセントアップしたのに対して、頭のよさをほめられていたグループは二〇パーセント近くダウンしたといいます。

どうも、知能レベルでの称賛を浴びていると、ほめられなくなることを恐れてか、多少のリスクを負ってでも上位のレベルに挑もうとする意思は乏しくなるらしいのです。

もちろん、ほめることがすべてダメだというわけではありません。子供のどこをどのようにほめるかが重要です。

私の流儀——人を介してほめる

かつて、ある高校の男子クラスの担任をしていた時のことです。割と明るい性格で元気のいい生徒がいました。ただ、そそっかしくてお調子者の一面があり、一度筆者から叱られてシュンとなってしまった。

その彼が発熱で二日ほど休んだのです。珍しいことでした。ちょうどその時、ＰＴ

Aの役員会のため母親が来校し、会議の合間に子供の様子を報告に来てくれました。

そこで、用心のためにもう一日休ませることにしたのですが、会議に戻る母親に一言こう付け加えたのです。「あなたの息子は最近落ち着きが見えるようになりましたよ」と。

たったこれだけでしたが、帰って寝ている息子に、「今日学校で占部先生に会ったら、あんたに落ち着きが出てきたとおっしゃっていたわよ」と話したらしいのです。するとこれを聞いた生徒は布団から跳ね起き、制服に着替えて登校してきたのです。もう授業は終了し、部活動の時間になっていましたが、それでも彼はやって来たのです。

これが生徒です。あの学校一怖いわが担任が最近の僕をほめてくれた。もう嬉しくて嬉しくて、熱など吹き飛ばして学校に来てしまったというわけです。

ほめ言葉であれ、悪口であれ、直接聞くよりも人を介して間接的に耳に入ってくるほうがインパクトは強い。ですから筆者は、生徒を叱る時はフェイス・トゥ・フェイス、ほめてやる時は関係者にそっと伝えておくことにしています。これがわが流儀です。

流れ星をめぐっての絶妙の応答

そもそも、教育とは対話の文化なのですが、それが機能していないのが現実です。ほめているようで、実態はお追従《ついしょう》やおべんちゃらだったりする。そんな状況下で吐き出される言葉に人を動かす力はありません。

では、どんなやりとりが人を感動させるのか、ラジオの長寿番組「全国こども電話相談室」での絶妙の応答を紹介しておきます。

まず子供からこんな電話がかかってきました。「流れ星に三回願いをかければ、願いが叶《かな》うって本当ですか」。

この時の回答者はその道の一流の先生でした。非科学的なことは言えないし、かと言って子供の気持ちをぶち壊してもいけない。どう答えたか。こんな感じでした。

先生　流れ星、見たことがある?

子供　あります。

先生　一瞬だね。
子供　はい。
先生　あんな短い間に願い事を言えるとしたら、そのことをいつもいつも思っているからだよね。
子供　はい。
先生　そこまで思い続けている人の願いなら、きっと叶います。
子供　はい。ありがとうございました。
たったこれだけのやりとりでしたが、筆者はうなりました。今甦らせるべきは、このような対話の文化なのです。

広がる「合意」の思想——縦軸の家族文化で立ち向かえ

「愛」から「合意」へ

近年、社会を蝕《むしば》んでいるイデオロギーの最たるものは「合意」があれば何でもよしとする風潮です。

例えば、性を売り買いする犯罪行為を「援助交際」と呼ぶことで、非犯罪化への風潮をつくり出す。こうした事例は挙げればキリがありません。

何しろ、フェミニズムやジェンダー・フリー推進の女性学者の中には、「援助交際」などを容認する向きさえいます。

その根拠は何か。「合意」なのです。要するに、互いの間に合意が成立し、そのうえでの自己決定権の行使であれば、なんでもＯＫなのです。

社会学者のデュルケームは、よきにつけ悪しきにつけ、こうした合意を「集合意識」と名付け、この集合意識に反するものが犯罪として扱われるのだと指摘しました。

ですから、集合意識が強まればその行為は断罪の対象となり、逆に薄まれば容認される。

文科省の委嘱で平成八年に実施された中高生の意識調査の結果を見た時、ついにここまで来たかと思い知った覚えがあります。

調査委員の一人の中央大学教授・矢島正見氏によれば、自分たち世代の男女間の性的な接触に関して、①「いけない」、②「愛があればよい」、③「合意があればよい」の三つの選択肢から選ばせたところ、トップを占めたのは③でした。

ということは、すでに中高生世代の集合意識として合意のイデオロギーは浸透していると見てよいと思います。今や男女間の行動基準は「愛」ではなく「合意」へ移っているのです。

三世代同居と学力テスト

ところで、現代は兄弟姉妹がいない家族が多いわけですから、なおさら異年齢間の付き合いは子供の成長にとって大事なのですが、ワルの溜《た》まり場や一部を除いては見る影もない。

このような純然たる核家族化の中で、三世代同居の家族も次第に見られなくなりました。

筆者が駆け出しの高校教師の頃は、家庭訪問をすれば祖父母がいる家庭も結構ありました。生徒が停学処分を受けた時、共働きの親に代わって祖父が終日、孫の監督指導に当たったケースもあったぐらいです。

生徒は見違えるほど変わりました。祖父母の力は時に親をもしのぐものがあります。

第一、全国学力テストで成績のよかった上位の県と、三世代同居の多い県を並べると、実はほとんど重なるのです。なんらかの因果関係があると筆者は見ています。

小学校では秋田県がトップですが、その秋田でも全国一の学力を誇る八峰町の教育長が『致知』二〇一一年七月号で語っていました。特色があるとすれば、その一つは三世代同居の家庭が多く、祖父母と孫の関係が親密な点なのだ、と。

家族における縦の絆が人間の文化なのです。それを失えば単なる血縁でしかない。その家族文化が子供をはぐくみ、学校を支えているという、見事な事例です。

祖父と孫の合作論文

筆者の経験ではこんなことがありました。私の歴史の授業では、夏休みに課題読書をしたうえで論文を書かねばなりません。

なんでも読んでいいわけではなく、私が作成した「歴史と人間を考察するための良書百冊」の中から各自選んで読むのです。

二学期の最初の授業で提出させるのですが、男子生徒が恥ずかしそうにこう言うのです。「先生、この本を読んでいたら、祖父も読んでレポートを書きました。一緒に提出して先生に読んでもらってくれと言うのです。いいでしょうか」と。

そこで筆者は、謹んで読ませていただきますとおじいちゃんに伝えてくれと言って、祖父と孫の合作レポートを受け取ったのです。本は竹山道雄の『ビルマの竪琴《たてごと》』でした。

繰り返しますが、これが文化なのです。ただ仲がいいからよい家族なのではありません。大事なのは家族の中に縦軸のいのちが通うことなのです。

しかし、すでに失われたものを取り戻すことは難しい。また、懐古趣味に陥っても仕方ありません。要は、かつての文化の生命を新しい形で活かすことです。それこそ合意のイデオロギーを破る根源の力でしょう。

子供は本来冒険者——少年よ、温室を出よ

球磨川の思い出

筆者は小さい時から水泳には自信があります。学校や水泳教室で教えられたからではありません。学齢前のささやかな冒険のたまものなのです。

当時、熊本県の球磨《くま》川のほとりに住んでいました。遊ぶ場所は川の周辺か泳ぐこと以外にはありません。隣の中学生がいつも遊んでくれ、浮き袋で一緒に泳いだものです。

球磨川は流れが速いので有名です。その川の中ほどに珍しく小岩が突き出ていて「かんじん岩」と呼ばれていました。泳ぎの上手な中学生は流れを横切って、その岩まで泳ぎ渡るのです。

ある日、浮き袋をつけた筆者を連れて行ってくれました。そこは人が一人ぐらいは上がれるスペースがあり、ごつごつしてはいるものの、岩につかまって一休みもでき

る格好の場所でした。

それ以来、しょっちゅう連れて行ってもらうようになったのですが、次第に一人で行ってみたくなりました。人生最初の冒険です。

ついに意を決して川岸を離れました。浮き袋をつけているとはいえ、下手をすれば急流に呑《の》まれてしまいます。必死に泳ぎました。かんじん岩にたどり着いた時の興奮は忘れられません。

その後は一人で頻繁に行き来したものです。この経験のおかげで、水の流れを横切って泳ぐコツ、浮き袋を川で使う際の長所短所などを身体で覚えました。

小学校への入学は宮崎県でしたが、球磨川上流の内陸からやって来たにもかかわらず、日南海岸育ちの級友と海での遠泳行事に臨んでも他を大きく引き離してゴールインし、先生たちから不思議がられたのを覚えています。

一夜の冒険

翻って今の子供たちはどうでしょう。冒険心が骨抜きにされたひ弱な子供ばかりかと思いきや、興味深い出来事がありました。これは今村城太郎著『国破れて自虐あり』に取り上げられている、ちょっとした現代の子供のエピソードです。

平成八年二月上旬のこと、小学三年生の仲よし男女六人の児童が、犬を連れて山を散策中に道に迷って雑木林で一夜を明かし、その後救助されるという出来事でした。

この間、子供たちは互いに身を寄せて一箇所に留まり、奥地に迷い込まないよう心がけたそうですが、氷点下の強烈な冷気が襲ってきます。

防寒用のジャンパーを着ていたのは三人だけ。そこで二人一組になって一着のジャンパーをかぶり、寒さをしのいだといいます。

それでも身体は震えが止まらない。泣き出す子も出てきます。漆黒の闇は底知れぬ恐怖感をかき立てたに違いありません。

これでは冷気と恐怖感に負ける、そう思ったのでしょう。女の子たちがアニメの主題歌を歌い出した。すると、男子もすかさず唱和する。子供なりに思いついた生きるための知恵と工夫です。

子供たちが学んだもの

もう一つ、救助を待つ間に女の子の一人が見せた、実に興味深い判断があります。子供たちは空《す》きっ腹でした。そんな時、一人の女の子がポケットに飴玉《あめだま》が一個残っていることに気づくのです。しかし、みんなが知れば取り合いっこになる。そう思い直して、みずからも食べるのを我慢するのです。

自分たちは今、危険な事態にある。このうえ仲間割れでもしたら大変だ。そうした大人顔負けの的確な判断が、この極限状況下で働いたのです。

このように、子供というのは死と隣り合わせの危機に瀕《ひん》しても、一夜の体験からこれだけのものを学ぶのです。

ちなみに、くだんの女の子は、救助されてこれで大丈夫と思った時、「これ食べようっ」と飴玉を取り出して埃《ほこり》を払いました。すると、脇から男の子の手が伸び、あっという間に口に入れてしまう。

ところが、まだ埃がついていたものだから、男の子はあたりに吐き散らかす。それを見て、みんながどっと笑う。食った子は恥ずかしそうに突っ伏すのです。

今村氏はこうした子供同士の健康な戯れ合いを「いじくり合い文化」の特徴だと言い、半世紀前の山本嘉次郎作品だったら、突っ伏す代わりに頭をかいて一緒に本人も笑うだろうと感想をつづっておられるが、筆者も同感です。

旅と道草こそ子供のワールド――「泣こよっか、ひっ翔べ」

「一人旅」のすすめ

九州の鹿児島に「泣こよっか、ひっ翔《と》べ」という方言があります。泣いてぐずぐずするぐらいなら、思い切って前に翔び立て、という意味です。

この翔ぼうとする意欲と意思、その発動が何より大切なのです。この肝心の点を育てずに、冒険心の育成と称して探検コースや野外活動などの企画を用意しても、それは冒険心となんの関係もありません。

冒険心は大人が子供を飼い慣らすものではないのです。むしろ、そういう大人のお節介と決別し、徒手空拳《としゅくうけん》で荒野に挑む。それが冒険心です。小学生にもなれば、その芽は必ずや兆すのです。

しかし、今の時代環境では昔に比べて冒険しようにも難しい。確かにそれも事実です。ですから、すべてを用意してやるのではなく、きっかけだけは提供してやる必要もあるでしょう。

その最良の教育の一つと筆者が考えるのは、子供に「一人旅」をさせることです。昔、イラストレーターの真鍋博氏が、この一人旅教育を実際に行い、江湖に提唱していたのを思い出します。

野菊と寄せ書きの収穫

真鍋氏には二人の息子がいて、小学校五年の長男が自分の姓と同じ「真鍋島」というのが瀬戸内海にあることを地図で見つけ、一人で訪ねるのです。

広島県の福山からは船で幾つかの島を経由し、およそ二時間で目的地の真鍋島に到着。島にはユースホステルが一軒だけと知り、そこに宿泊することにします。

結局、島には二泊三日滞在して東京の自宅に帰ってきますが、腕いっぱいに抱えた島の野菊と、親しくなった人々から贈られた寄せ書きがおみやげだったといいます。

こうした息子の体験を通して真鍋氏は、一人旅の意義を説くのです。

当時は昭和四十年代、もうあの頃から、幼稚園は親の送り迎えが条件となり、小学校では通学路が決められ、集団での登下校をしなければならない。まるでバスの運行ダイヤのような生活を強いられていたのです。

そこには道草を食う楽しみもなければ、一人になる時間もない。ましてやドラマやハプニングが起きることもありません。

そんな退屈な世界から脱出する道、それが真鍋氏が提唱する一人旅なのです。

忘れられない「川の神」

筆者が小学生の頃の印象深い思い出と言えば、学校帰りの道草体験が多い。

例えば、二年生の頃に住んでいた家と学校との間は相当の距離があったものの、苦になりませんでした。道草を食うのが面白かったからです。途中に川があり、泳ぎが得意な筆者にはもってこいで、夏場の学校帰りにはよく泳いだものです。

その日は一人で帰っていました。暑い盛りで、ようやく橋までたどり着き、川に降りて水に入ったら、心地よかったのを覚えています。その川は護岸工事が施され、川底から大きめの石が整然と積まれていて、水深は三メートルぐらいでした。

飛び込んで潜っていた時です。何やら気配を感じ、石垣のほうを向くと、石と石の間からでかい目玉がこちらを見ていたのです。

大ぶりの魚で髭《ひげ》も立派で威厳がありました。こりゃきっと川の主に違いないと思い、慌ててお辞儀をして水面に浮上したのです。

常識的に考えればナマズなのでしょうが、筆者は今もあの川の守り神だったと信じて疑いません。その神様と水中メガネ越しに至近距離で対面できたのも、道草を食ったたまものです。

ところで、子供が一人旅に踏み切るには決断が欠かせない。「泣こよっか、ひっ翔べ」です。かくて未知の世界へ旅立てば、勇気や知恵、慎重さや機転を利かせるなど、さまざまな能力をフル出動しなければなりません。

そこがいいのです。そして何より、新たな出会いと別れを体験に刻むことができる。そういう機会はほかにまずありません。

もちろん、今の世の中ですから、安全については細心の注意を払ったうえで、平成の一人旅に挑ませてはいかがでしょう。

学校——その不思議な魅力

久しぶりに再会した子供たち

昭和から平成に移った頃から、子供の心から学校は魅力を失っていきました。今や、のびのびと登校拒否生活をエンジョイしている事例さえあるほどです。かくも学校は子供に愛想をつかされています。

しかしここで、東日本大震災の復興の際に学校が再開された時の子供たちの様子を思い出していただきたい。登校するどの顔も嬉しそうで、生き生きしていたではありませんか。

新聞には、休校を解除した宮城県気仙沼《けせんぬま》市の小学校の児童たちが久しぶりの再会を喜び合っている様子が報じられていて、胸を打ちました。

例えば、二年生の女児は登校中に友達を見つけると、「何してた?」「元気だった?」と声をかけ合い、手を取って跳びはねる。家が流され、親戚の家に身を寄せている六年生の一人は、「学校に来て友達の顔を見て安心した」とほっとした様子でした。

これが本来の学校なのです。普段は気づかなくても、今回のような有事に遭遇すると、あらためて、私たちの地域に、人生に、そして心に、拠り所としての学校が存在することに気づかされます。

海上を漂流する少女を支えた校歌

学校と子供との分かち難い関係について、一つのエピソードを紹介しておきましょう。

時は昭和三十二年七月下旬のことです。九州北部は、折からの梅雨前線に加えて東から進んできた低気圧の影響で前線が活発化。長崎、熊本、佐賀の三県は豪雨に見舞われるのです。

中でも、長崎県の諫早《いさはや》市では、市内を流れる本明川が二度にわたって氾濫《はんらん》、五百名を超える死者を出す事態となります。

この諫早豪雨の時でした。夜の九時半頃、市内に住む小森さん宅を氾濫した泥水が襲ったのです。生き残った中学三年の洋子さんによれば、真っ暗な中で一気に水に流され、弟が助けを呼ぶ声がかすかに聞こえたそうです。気がつくと、彼女は海に流されていて、丸太にしがみついていたと言いますから、その生の本能には驚かされます。

当時の新聞の見出しには、「漂流十二時間、少女救わる／丸太にしがみつき歌い続けた校歌／諫早から海上を二十キロ」とありますから、洋子さんは前夜から朝にかけて海を漂流していたわけです。

その間、彼女は家族を失った絶望感と極限の疲労、さらには睡魔に襲われます。眠れば水没するしかありません。万事休すのこの時です。洋子さんの口をついて出たのは、中学校の校歌でした。

彼女は幾度も幾度も校歌を歌い続ける。そのうちに修学旅行の楽しかった思い出も浮かんでくる。大好きな学校生活の一こま一こまも甦ったに違いありません。こうして洋子さんは漁船に救出され、生き抜くことができたのです。

彼女を取り巻いた十重二十重《とえはたえ》の逆境と絶望——そこから救い出してくれる存在がこ

の世にはあるのです。それが洋子さんにとっては学校でした。

マララの国連演説

ところで、テロリストに撃たれたものの九死に一生を得た女性教育運動家のマララさん（のちにノーベル平和賞受賞）は十六歳になったばかりの二〇一三年七月、国連で演説し、感動を呼んでいます。

彼女は何者も恐れず表明――タリバンは私を銃で沈黙させようとしたが失敗した。結果的に彼らの思惑とは違って、私からは弱さと恐怖心が消え、力と勇気が生まれたのだ、と。そして、こう訴えて二十分のスピーチを結んでいます。

「無学、貧困、そしてテロリズムと闘いましょう。本を手に取り、ペンを握りましょう。それが私たちにとって最も強力な武器なのです。

一人の子供、一人の教師、一冊の本、そして一本のペン、それで世界を変えられます。教育こそがただ一つの解決策です」

こういうメッセージに接すると、私たちは忘れていた何かに気づくのではありませんか。それはほかでもない、学校という掛け替えのない存在です。

筆者は言いたい。日本の教育を取り戻すとは、この何ものにも代え難い本来の「学校」を蘇生することだということです。教師も教育行政関係者も、やるべきはその一点です。

第二章　学校教育の現場から

教育を歪めた「子供中心主義」
――教師は子供のサポーターではない！

子供の目線に合わせるな

筆者の知る限り、力量のある教師で子供の目線に合わせるなどと言う者はいません。指導力に欠ける自分に折り合いをつけるために、そんな浮《うわ》ついたことを口にするのです。鋭敏な子供なら、子供にすり寄る大人の狡猾《こうかつ》さといやらしさを見抜きます。

そもそも、そうした教育観は子供中心主義と呼ばれます。わが国では、一九九一年の学習指導要領あたりから特に強調されてきました。この教育観を推し進めたのは、米国の教育学者ジョン・デューイでした。

教育とは本来、先人が築いた文化遺産を後世に伝える営みです。ところが、子供中心主義はそうは考えない。子供が持っている興味や関心のほうが大切だというのです。ですから、子供が興味を持たないなら無理強いしてはいけないと見る。

従って、学校のカリキュラムは、子供の興味・関心を最優先して編成することになるわけです。その方針がここ二十年推進されてきたのです。「選択」が合い言葉のように飛び交い、高校では必履修科目が激減し、代わって選択科目が急増しました。しかし、実態はどうだったか。指導要領の目算は大きく外れたのです。選択科目が増えても生徒は適切な選択ができずに迷い続けるというのが現実だったのです。なぜか。選択できるだけの興味・関心が育っていない状況で科目選択を強いられるからなのです。

ジョン・デューイは参考にならない

子供中心主義を主張する人は、興味・関心は学習の条件なのだと頑《かたく》なに思い込んでいますが、そういう考え方はあまりにリアリティに欠けます。

多くの子供にとって、興味・関心は初めにありきではないのです。むしろ、基礎基本の学習の結果、興味が芽生えるというのが実際の姿です。

ですから、上級学年はともかく、一、二年次の段階では身につけておくべき基礎基本を必履修科目とすべきなのです。

日本人のための教育でありながら、日本史が必履修科目ではないなど、誰が考えてもおかしいではありませんか。興味・関心以前の問題でしょう。

これが実態です。いずれにせよ、芽生えてもいない興味・関心で選ぶことなどできるわけはないのです。

このように、理念と実態がまるで違うのが子供中心主義の弱点だと言ってよいでしょう。

では、デューイが行った教育はどうだったのか。この点について、苅谷剛彦氏の『教育改革の幻想』によると、デューイの学校は、裕福で高学歴の親を持つ家庭の優秀な子供を集めたもので、生徒百四十名に対し、選《え》りすぐりの教師二十三名とアシスタントとしてシカゴ大学の大学院生十名を揃《そろ》えるという特別な環境だったのです。

そうした理想的な教育環境でしたから、個々人の才能や個性を伸ばすのは容易でした。一般的な学校では参考にならないのです。

その証拠に、子供中心主義の教育を導入したカリフォルニア州では、学力が全米で最下位に近いレベルにまで落ち込んでしまったといいます。

責任を持って教え込むことと、芽生えた好奇心をはぐくむことは、使い分けなければなりません。その絶妙のバランス感覚を持てる教師が、今の教育界には必要なのです。

教育と遊びは違う

子供中心主義は、結果的に子供の成長を阻害する危険性をはらんでいます。その証左として、苅谷氏が興味深い事例を紹介しています。

ある時、「溶解」をテーマとする理科の公開授業が行われました。授業担当者は子供中心主義派の教師らしく、理解させるよりも活動体験を重視する授業でした。

子供たちはどんなことをやっていたか。一人の子は食塩を金槌《かなづち》で砕いて溶かそうとする。別の子はビーカーに水を入れてガラス棒でかき回している。中には水の中に食塩を入れて眺めているだけの子もいたそうです。要するに、みんな思いつくままに自分たちで何かをしていたわけです。

活動すること自体が大事なのですから、正しい理解に至らなくてもいいのです。これでは溶けることの意味はいつまでやっても分からない。当然でしょう。

このような子供中心主義を克服してこそ教育正常化です。そのためにも、教師は子供のサポーターではなく、指導者としての「教師」に戻るべきなのです。

いじめに教師は立ち向かえ

偏った教育観が増幅させた「いじめ問題」

いじめ問題をここまで深刻にさせた根因は、教育界に広がる観念的な「子供至上主義」にあると筆者は見る者の一人です。

顧みれば、陰湿ないじめが目立ち始めた昭和五十年代から、子供の自主性を尊重し、できるだけ子供同士で解決させるべきだという考え方が教師の間には多く見られました。結果、いじめは放任され、指導方法も実績も積み上げられることなく、今日を迎えてしまった。残念ながらそれが事実です。

こうした安直な教育観を根底から揺るがしたのが、いじめ問題の世界的権威として知られるノルウェーのベルゲン大学教授ダン・オルベウス氏の研究でした。

十五万人以上の子供を調査した彼の研究で注目すべきは、十二歳から十六歳の時期に人をいじめた経験を持つ者の三五パーセントから四〇パーセントが、二十代を迎えて最低三回の犯歴を重ねているとの報告です。だから、いじめ対策は社会防衛の観点からも喫緊の課題なのです。

もう一つ興味深かったのは、いじめる子供も学校の管理強化や過度の受験競争の被害者であり、悪いのは社会体制だと見るとらえ方がいかに偏っているかが明らかになった点です。オルベウス教授によれば、いじめ加害者はほとんど不安や悩みを抱えていなかったそうです。しかもこれらの結果は、民族の違いを超えて類似性が認められたと言います。

いじめる加害生徒を叩き直せ

以上の研究成果から見ても、いじめに対して教師は遠慮なく踏み込み、「何が善で何が悪か」を毅然《きぜん》たる態度で教えることに臆病《おくびょう》であってはならないのです。

しかるに、実態はどうでしょうか。小中学校では、教室の中の安全と秩序を守るために問題生徒を出席停止にして指導できるのですが、平成十三年度から平成二十二年度までの十年間で文部科学省に報告されたいじめ件数約五十万件のうち、この教育措置を取ったのはわずか二十三件にすぎないのです。どうしてこうも出席停止の措置を活かせないのか。おそらくは教育の敗北と見ているか、指導方法が確立していないかのいずれかでしょう。

そこで提案しておきます。高校における教育効果の高い停学指導の実践に学べということです。高校では、停学期間中は担任をはじめ生徒指導担当が連日家庭を訪問、徹底して生活改善や学習指導、教育相談などに当たります。さらには級友たちが授業のノートを整理して、教師を通じて届ける。こうした取り組みに接して、生徒は自己変革しないわけはありません。かつて高校の生徒指導主事を務めた筆者の体験です。

とにかく必要とあらば、いじめのリーダー格をマン・ツゥ・マンで徹底して変革することです。いじめる子供も等しく教育すべき対象なのですから。

あやかりたい人と共に生きよ

小学生の時にいじめを受けた経験を持つ二十二歳の女性が、いじめに苦しむ子供に向けて新聞に書いた記事が今も脳裏に焼き付いています。彼女はこうつづっています。

「私が『風と共に去りぬ』（ミッチェル著）に出合ったのは今から十年前。当時いじめの真っただ中にいた私は、主人公のスカーレットから多くのことを学んだ。……彼女は決して現実から逃げたりしない。『私にめぐり来る困難は私のもの。私が立ち向かう、私の人生なのよ』。これが彼女の最大の魅力なのだ。スカーレットは、当時私が見失っていたもの――誰にも似てない自分を、自分らしく生き、そして、誰よりも自分を信じることの大切さ、に気づかせてくれた。そして今、私は思う。その時、その時を精いっぱい生きて、死ぬ間際に『また、生まれ変わっても、私に生まれたい』。そう思えるような、私らしい人生にしよう、と」

周囲に膝《ひざ》を屈せず、みずからの誇りを胸に生きようとする強靭《きょうじん》な意思。その人格に接した時、孤独な学校生活を送る少女にも共感の心はかくも瑞々《みずみず》しく発露するのです。

小説の中の主人公でも歴史上の人物でもいい。心から尊敬する人、あの人のように生きたいと思う人を心中に宿す。そのあやかりたい人と二人連れで生き難いこの世を生きる、生きてゆく道を拓《ひら》く。この人生の真髄に気づかせるのが教育だと筆者は信じてやみません。

子供に教えよ、喧嘩のルールを
――勝っても負けても爽やかな世界

喧嘩といじめが違う点

今はいじめと喧嘩《けんか》の違いが分からなくなった時代です。ではどこが違うのか。それは、確乎《かっこ》たるルールと作法があるかないかの一点にあります。

いじめにはルールがありませんから、抑制が利かないのです。相手の様子を見て手加減することがない。情が枯渇しているのです。

ところが喧嘩は違う。取っ組み合いをしても、急所は狙《ねら》わない、噛《か》みつかない、得物は持たない、相手が戦意喪失したらやめる等々の掟《おきて》があります。要するに、卑劣な行為は御法度《ごはっと》なのです。仮に破れば誰からも相手にされなくなります。

筆者が小さかった頃、こうしたルールを最初に教えてくれたのは見ず知らずの大人でした。小学一年の時の下校中、二年生と喧嘩になったのです。いったい何が原因だったか覚えていませんが、その彼と取っ組み合いになりました。足をかけると、彼はひっくり返った。すかさず、馬乗りになって殴り始めたその時でした。突然強い力で引き離され、野太い声で「よーし、もういい。そこまでだ」と一喝されたのでした。

こちらはまだ興奮さめやらず不服そうな顔つきだったのでしょう。工事関係者とおぼしき一喝の主は、こう言ったのです。――「いいか、この喧嘩はおまえの勝ちだ。相手は手向かいできずに泣き出しているじゃないか。そういう時はもう殴るのはやめなくちゃいかん。分かったか」と。

その後も喧嘩はよくしたものですが、この時の教えを破ったことはありません。

卑劣な人間にならないために

ずいぶん昔にさかのぼりますが、喧嘩がめっぽう強いと噂《うわさ》の男子高校に赴任、生徒指導の仕事に当たったった時のことです。

対人関係でのトラブルが生じた時、卑怯《ひきょう》な行為だけは許さないと日頃から厳命していたこともあり、時に他校生との間に対立が起きても、数をたのんで相手を脅したり、卑劣な行動に走る者はいませんでした。

ある時、警察から連絡が入り、駅の裏で高校生同士が喧嘩をして負傷、病院に運ばれたとのこと。病院に駆けつけると、わが校の生徒五人が顔面や頭部を負傷し治療を受けていました。

聞けば、数はこちらが多かったが、同一人数で勝負することにし、五人ずつ出し合い、それぞれ対マンを張った。喧嘩そのものは自分たちが勝ったが、相手は石や煉瓦《れんが》を手に向かってきた。自分らは最後まで素手で通したというのです。それが母校の伝統だと言わんばかりでした。頭から顎《あご》にかけて包帯を巻かれ、顔は赤黒くはれ上がりながらも、誇らしげに報告する悪童らの表情は今も浮かびます。

以上の事例はかなり荒っぽい高校生同士の決闘であり、ほめられたものではありませんが、せめてわが教え子が喧嘩の文化を守り抜いた点は諒《りょう》としたいのです。

学校のカリキュラムに喧嘩のルールを教える教科はもちろんありません。しかし、このルールを遵守する文化は、小学生の時期に起きやすい級友との摩擦や衝突の体験を通じて、学び取っておくべきだと筆者は思うのです。卑劣な人間にならないために。

人には毅然と立ち向かわねばならない時がある

昔は先輩が喧嘩の作法やルール、時には卑猥《ひわい》なことまで教えてくれたものです。その先輩がいないのなら、大人が代わって教えるべきです。

理不尽な目にあったり、人としての尊厳や名誉が傷つけられた時には毅然と立ち向かわなければならないのです。戦わずして尻尾《しっぽ》を巻けば卑屈になります。たとえ負けるとしても、戦えば誇りは立派に守れるのです。

暴論のように聞こえるかも知れませんが、ルールを了解し合った一対一の喧嘩よ、甦《よみがえ》れと言いたいのです。さらに世の大人にお願いしたい。ルールある喧嘩の仕方を子供に教えてほしいのです。

喧嘩の仕方も知らなければ叱《しか》られたこともない。そのくせ、猫に五寸釘を突き刺すかと思えば、渡り鳥にボー・ガンを発射する。学校に行けば弱い者をいじめ抜くか、見て見ぬ振りをする。そんな子供が増えたのも、人としての誇りを守るすべを手放してきたわれわれ大人に責任があるのです。

卑怯や臆病と縁を断つためにも、時には健全な喧嘩に挑んでみるがいいのです。仮に負けたとしても、きっと君を磨いてくれます。時には相手と無二の親友になることだってあります。それが本当の喧嘩なのです。

教師は心して言葉を磨け――短歌がはぐくむ道徳心

心の訓練と短歌

平成二十六年度から、全国の小中学生全員に道徳の副読本『私たちの道徳』が配布されました。いよいよわが国の道徳教育も本格化することになりますが、この機会に、かねて筆者が抱いている懸念に言及しておきます。

それは、道徳を教えたり学んだりするには心の訓練が必須のはずだが、その訓練はいったい、いかなる場で、どんなふうに行うのか、という点です。

美しいものを美しく感じる心、善悪の別がつく内なる判断力を磨く訓練は欠かせないのです。では、そのベストの教育活動は何か。筆者は短歌を詠む体験を通じた言葉の訓練をおいてないと見ています。

この点について、御三卿田安家の祖で優れた歌人でもあった田安宗武は、『歌体約言』にこんなことを書いています。

そもそも歌というものは、人の心の内を表現するものだから、素直な人は歌も素直、ふざけた人はふざけた歌となる。隠そうとしても隠せない。そう述べて、こう語るのです。

「さて、あしとおもはば、はづかしければ、心をあらためてよみかへぬべし。言葉を修めてその誠を立つと、聖ののたまひけるも、かかることとなるべし。かくして人の心をすなほにするたよりともなるべけれ」

要するに、駄目な歌、恥ずかしい歌だと思ったら、潔く推敲《すいこう》して言葉を改めてみよ。すると不思議にも、自分の心に潜む邪《よこしま》なものが消えて素直な心になるのだと説くのです。

言葉を推敲すれば心が変わる

卑近な例を挙げてみましょう。例えば、教室に入ると生徒たちが騒いでいたとします。注意を繰り返してやっと授業に入ったものの、聞く者はわずか、大半はふて寝するかあちこちで私語を交わしている。うんざりしながら授業を終え、一路職員室に戻ると、憤怒が燃え上がる。そこで、こんな歌ができた。

わが授業聞かずざわめく悪童よ赤点つけて恨み晴らさん

怒りがそのまま露《あら》わとなった一首です。しかし、ここで作者は一息ついて、あらためて自作の歌を反芻《はんすう》してみる。ちょっと待てよ、考えてみれば、自分のほうも生徒が食いつくような授業をしていただろうか。そんな反省がちらりとよぎる。

最近は教材研究もほとんどせず、教え方も例年どおり。これでは面白くもなかろう、第一こちらが億劫《おっくう》な気持ちで教室に足を運んでいたのだから。ここまで自問自答した時、先に詠んだ一首が気になってきます。これではあまりに一方的すぎるし、大人としても教師としても恥ずかしい。かくて推敲の筆を執って、

悪童も聴き入る授業目指さんとひと夜を込めて教材つくる

というふうに詠み替えてみたとします。これも新たに生じた正直な気持ちであることに違いありません。

すると、これまた不思議なことが起きるのです。作り替えたとたん、言葉に誘われるように、あの悪童たちが身を乗り出すような授業をやってみよう、そのためにはま

ず教材開発だ、そんな意欲がかき立てられる。いつしか一方的な憎悪も薄らぐ。つまり、手直しの結果、心の中までが推敲されたかのように変化する。これが宗武が説いた歌論です。

独特の国語体験

筆者は大学時代に短歌と出会いましたが、教師になって悪戦苦闘する毎日の中で、宗武の歌論を読み、不毛の荒野に泉を見いだす心地がしたものです。

歌を作るという内的な作業のうちには、目を背けがちな自身の心のあり方に気づかせ、自省を促す力が働いているのです。まことに得難い内的体験といえましょう。

一般に、心を磨けば言葉が洗練されると錯覚しています。何より心が大切であって、言葉は伝達の手段にすぎないなどと考えている向きは多い。

しかし、言葉が磨かれて初めて心というものは鍛えられる。そこを勘違いしてはならないのです。訓読をはじめ、世界にほとんど例がない独特の国語体験を築き上げてきた日本文化の神髄はそこにあります。古来、「言霊《ことだま》の幸《さきは》う国」と呼ばれるゆえんです。

当節の政治家も、官僚も、そしてわれわれ教師とて、みずからの生き方の課題として再考すべきはこの点なのです。道徳教育が活性化するもしないも、ひとえに言葉の力にかかっているのです。

流行のＩＣＴ教育に苦言を呈す――教師は授業の腕を鍛えよ

ＩＣＴ教育に異議あり

昨今のＩＴ化の勢いには抗し難いものがあります。佐賀県の武雄《たけお》市では、平成二十六年度からすべての小学校の児童にタブレット端末を配って授業に活用すると発表し、話題になりました。

情報化の時代、その意欲は買いますが、こうした電子映像メディアが子供にもたらす負の影響について、どのように考えられているのか、はなはだ疑問です。

今日では脳科学の研究も進み、幼少時からのべつまくなしに電子映像メディアに浸りきっていると、多面的な発達不全を引き起こす可能性が高いといいます。

文部科学省が実施している全国学力テストの際に同時に行っている学習状況調査でも、テレビなどの視聴が短い児童生徒のほうが平均正答率が高いという結果が出ています。

全国体力テストでは、一日三時間以上テレビ（テレビゲームを含む）を見ているケースと一時間未満の場合を比べると、後者のほうが体力が高かったことが判明しました。

こうした気になるデータに接しますと、今日もてはやされているＩＣＴ教育（情報通信技術を使った教育）に伏在するマイナス要因について警戒心が募ります。とりわけ、小学校への電子機器の導入については慎重であるべきだと思うのです。

言語脳学者からの警告

いつの時代も至極便利な代物は諸刃《もろは》の剣《つるぎ》の場合が多いものです。例えば、今広がりを見せている電子ブックなどは、その一例でしょう。わずか百七十グラムの葉書大の端末に、四千冊は保存できるそうですから、もはやミニ図書館です。

かくいう筆者も、最近必要に迫られて使っています。視力が一気に衰え、眼鏡をかけても本や新聞がほとんど判読できない状況です。その点、電子ブックは文字を拡大して読めるので実に重宝します。

ただし、使ってみると分かるのですが、紙の本に比べて記憶に刻みつけられる力が弱い感じがします。そんな印象を覚えていた時でした。東京大学大学院で言語脳の研究に当たっている酒井邦嘉氏の『脳を創《つく》る読書』（実業之日本社）を読んで、なるほどそうだったかと理由が氷解しました。

酒井氏は、紙の本は電子ブックより圧倒的に情報が多いと言います。電子ブックのページはなんの変化もありませんが、紙の本の場合は、本の厚みや紙質をはじめ、書き込みや傍線などさまざまな特徴を持っています。

そして人は、それらの情報を書かれている内容と一緒に覚えているのだそうです。ですから、思い出す手がかりが多い。紙の本のほうが記憶に残りやすいゆえんです。

さらに酒井氏は、教育の場では情報は一定の制約があったほうがいいと言います。確かにデジタル教科書から瞬時に膨大な情報が広がるネットの世界につながることが教育効果を高めるとは限りません。むしろ、子供たちから「考える」ことと「想像力」を奪うのではないか。酒井氏はそう憂慮するのです。

情報は多少不足していたほうがいい。なぜなら想像力を駆使して補おうとするからです。そのようにして人の脳は育つらしいのです。従って、教育の場での情報過多はかえって禁物なのです。

デジタル教材に負けてはならない

では、どうすればいいか。まずこういう時こそ、「不易」と「流行」の二つの視点を併せ持たねばなりません。一方に偏らず、それぞれの長所を生かすことです。そもそも、教室の中に巷《ちまた》にはやる諸々をそのまま持ち込んではならないのです。これは学校教育の鉄則です。学校が時代の激変を幾度となく受けながらも、今日まで持ちこたえられた理由はそこにあります。

その学校を学校たらしめているものは何か。それは授業です。その授業にとって最良の教材は何か。それは電子黒板でもなければデジタル教科書でもありません。では紙の教科書でしょうか。否、いちばんの教材は、鍛え抜かれた教師の腕なのではありませんか。

児童生徒がざわついていても、教師が語り始めたら三分もしないうちに引き込まれてしまう。日常の小道具を使って驚くような実験をやって見せる。逆上がりができない児童を一回の授業で可能にする——例えばそんなプロの技こそ、いかなる時代にあっても子供を惹《ひ》きつけてやまない最良のものでしょう。

その腕前をもって電子機器のたぐいを使い分ければいいのです。授業のどの箇所で使うのか、どんな場面では使わないのか、その見極めが的確にできること、これがＩＣＴ教育を進める絶対条件でしょう。

体育は基礎基本に還れ——生涯スポーツの発展のために

憂うべき「体力低下」

学校における深刻な問題は学力低下だけではありません。子供の「体力低下」も依然深刻な状態が続いています。

文部科学省による、小学五年生と中学二年生を対象にした平成二十五年度の「全国体力・運動能力、運動習慣等調査」の結果も、残念ながら見るべき成果はありませんでした。

それどころか、ボール投げと握力が、調査を始めて以来、過去最低になったといいます。そのうえ、学校の体育授業以外にまったく運動しない児童生徒が増加しているらしく、小五女子で三年前の倍近くになるというのですから驚かされます。

こうした事態に対して、さまざまな対策も講じられてきています。例えば、学校や企業の運動場の開放や校庭の芝生化、複数の種目ができる「総合運動部」などの設置、五輪メダリストらによる学校巡回指導、また「親子スポーツの日」を設けたり、放課後や休日に遊びや運動をした実績を記録するスタンプカードを作って体を動かすように奨励するなどです。

いずれもそれなりに効果はあるでしょうが、肝心の学校における「体育教育」や「学校行事」のあり方には充分な検討が加えられたとは言い難い。ここでは主として高校の事例を取り上げてみましょう。

「選択制体育」の弊害

現在の体育教育では「生涯にわたって計画的に運動に親しむ資質や能力の育成」を謳《うた》い文句に「選択制体育」が導入されています。生徒たちは好きな種目を選びチームを編成、それぞれで練習やゲームに取り組むのが主流です。体育教師は練習やゲームに興じるチームを巡回しながらサポートする。指導者というよりアドバイザーとして位置づけられると言ったほうがふさわしい感じです。

種目も多彩で、生徒の興味をかき立てるようなメニューを用意した学校もあります。

例えば、ゴルフ、フリスビー、ゲートボール、エアロビクスなどさまざまです。場所や用具さえ確保できれば、なんでもありに近い。

以前の体育授業では、発達段階や季節に応じて、基礎体力育成に必須の陸上、球技、器械運動、武道、水泳などの種目をバランスよく用意して、その基本技術を指導し修得させてきたものです。しかし今や、これらの伝統的体育は学校から消え去りつつあります。

こうした生徒の興味・関心による「選択」を優先するあまり、生徒が敬遠しやすい水泳やマット運動、長距離持久走などを体験しない子供たちが続出しているのです。

食わず嫌いになりかねない体育

このような体育教育観が広がり始めたのは、昭和の終盤から平成の初めの頃でした。いわく、これからの体育は子供の興味・関心を何より尊重し、ひいては生涯スポーツにつながる取り組みが必要だ。そのためには子供をスポーツ嫌いにしてはならず、「好き」にさせる教育が第一だというわけです。

もちろん、子供がスポーツに親しむよう工夫改善することに異論はありません。しかし子供の「種目選択」だけに任せていては、特定の種目に偏るのは当然です。体育の場合、食わず嫌いということも起こりやすい。

例えば、きつそうだという予断で長距離走を敬遠したとします。ところが後年、山野を駆け抜け、季節の風情をも感じることのできる長距離走の醍醐味《だいごみ》に目覚める。しまった、確か高校時代の体育教師の一人は長距離走指導のベテランだった。あの先生の指導を受けておけばよかったのにと、悔やむようなことも起きるのではないでしょうか。

そもそも興味や関心というのは、初めから存在するものではありません。好きであろうと嫌いであろうと、適切な指導を受け、学んでいるうちに発露するものなのです。

この学習体験の真実を無視した生徒選択優先主義は、体育を「遊び」と勘違いさせるだけで、生涯スポーツの発展に結実するかははなはだ疑問です。生徒をして易きにつかせ、「息抜き」の時間になりかねません。

いずれにせよ、生徒の発達段階を考慮し、責任を持って必須の種目を偏ることなく履修させるべきなのです。その条件をクリアさせたうえで、教師みずからが充分に指導可能な「選択種目」を用意すべきでしょう。

昨今では、基礎的な身体訓練をしないものだから、準備運動の最中に骨折するなどの笑えない事故が起きています。こうした憂慮すべき事態を招いたのも、興味優先主義の教育観に一因がありはしないか。体育教育は基礎基本に還《かえ》れと言いたいのです。

教師は切磋琢磨の関係たれ――持ち味を発揮し、調和しつつ

核心は教師論

今日の学校が直面している教育課題は、とどのつまりは教師論に行き着きます。制度改革だけで功を奏したケースはありません。

どんな改革案を打ち出しても、肝心の人を得なかったばかりに、成果を見ないまま万事が先送りされ、その堆積《たいせき》した課題の重みに耐えかねて沈下を続けているのが現在の学校の実態ではありませんか。

こうした状況を打開する道があるとすれば、それは教育の原型に還ることしかありません。すなわち、教師論に戻ることなのです。昨今は教員の評価制度が大流行で、隔世の感がありますが、教師文化の再構築を欠いていては「仏作って魂入れず」になりかねません。そんな憂慮が筆者には募ります。

一例を挙げてみましょう。いわゆる不適格教師や問題教師が顕在化し、いよいよ現

場では扱いに窮してしまうということがしばしば起きることがあります。当然、配置転換して改善に向けた特別研修を課すべきでしょう。

しかし、事はそう単純ではありません。そういう教師を出現させてしまう教員組織の悪しきメカニズムにも目を向ける必要があります。実はそうしたところに問題教師を生み出す原因が潜んでいる場合が意外に多いのです。

一献酌み交わせ

本人は懸命に教育活動に打ち込んでいる。にもかかわらず、生徒との間に意思が疎通しない。一方、周囲の同僚は適当に妥協して無難に日常をこなしている。

こうして孤立感を覚えた教師は、ますます周囲との間に溝を作り、浮き上がってしまうものです。次第に同僚も見て見ぬふりをして遠ざかる。本人はますます頑なになります。

なぜこうした意地になって悪戦苦闘する教師に、正面から厳しくかつ温かく助言や忠告をしないのか。そうした同僚間の交流関係が学校から消え失せつつあります。

勤務が引けた後、同僚を誘って一杯やりながらでもいい。相手の本音も聞きながら、指摘すべきことは明確に伝える。すぐに改善が見られなくても、そのうち向こうから誘いがかかり、次第に心が開かれ、協力関係が芽生えるものなのです。

筆者が関与した事例を振り返っても、周囲から問題視されていた教師がいつの間にか学校の中核的存在に変貌《へんぼう》したケースは幾つもあります。

外から見たら……

実際に現場から外されて長期研修を受けることになった教師を研修の一環として預かった経営者の体験では、どうしてこの先生が問題になったのだろう、資質もあるし、実に仕事ができるではないか、そういう疑念を拭《ぬぐ》えなかったそうです。

経営者いわく、こうした研修を受けざるを得なかった背景には、もちろん本人に問題があったにしろ、職場環境、特に教師集団に冷ややかな隙間風《すきまかぜ》が流れているところにも一因があるのではないか、と。

この指摘は管理職をはじめ教員側への頂門《ちょうもん》の一針《いっしん》として受けとめ、自戒とすべきでしょう。教育専門家の前に大人集団として成熟していないところに教育界の弱点を感じざるを得ません。

人間関係の難しさを回避するあまり、互いに干渉せず、設けられた制度に一切を任せて事足れりとする風潮が蔓延《まんえん》するのを筆者は恐れるのです。

本立ちて道生ず

もちろん教師集団の力だけでは解決がつかない事例はあります。そういう場合は、躊躇《ちゅうちょ》することなく現場から外すのは当然です。

しかし、その前に教師集団が醸し出す文化によって改善し得るケースは意外に多いのではないか。かつてはそうだったのです。

教職とはいえ未熟な若輩だっているでしょう。それを不適格教師として遠ざける前に、先輩教師が厳しく鍛えればいいではありませんか。こうした切磋琢磨《せっさたくま》する文化が衰亡しているのが、今日の最大の問題なのです。

現行の人事考課にしても、鍛え鍛えられる教師文化の構築に寄与するのでなければ先はないでしょう。論語にも言うとおり、本立ちてこそ道は生ずるのです。

教師の世界には、いい意味でもっと変わり者がいていい。今はあまりに平準化されています。多士済々《たしせいせい》の教師がそれぞれの持ち味を発揮しながらも、自然に調和が取れている教育現場が甦ることを筆者は念じています。

機微を読み取る眼を磨け──公平で生きた教員評価を

神は細部に宿る

神は細部に宿るといいます。細部とは、決して枝葉末節という意味ではありません。教師の仕事で言えば、不断の教育活動に着眼せよということです。

かつてこんな校長がいました。人事考課や勤務評定など正面切って言うに憚《はばか》られる時代でしたが、この校長は毎日、時間を見つけては校内を巡回するのが常でした。しかし、その雰囲気はまことに自然体だったのが印象に残っています。

授業をちらりと参観することもあれば、廊下を通りながら、窓外の風景をしばし佇《たたず》んで眺めることもある。大所帯の職員室ばかりではなく、教科準備室にもふらりと入ってきては、教員と雑談することもありました。

放課後は部活動に汗を流す体育館やグラウンドに顔を出しては声をかける。しかも、どんな時でもにこやかなスマイルは忘れない。これが毎日の日課となっていた、というより板に付いていました。

ある時、筆者がいた社会科準備室にやって来た校長に聞いてみたことがあります。すると、こういう返事でした。「私は、お百姓さんとおんなじことをしているにすぎません。畦道《あぜみち》を廻るほど稲は育つんですよ」と。

教員にも生徒にも違和感を与えず、飄々《ひょうひょう》として散策する日課は、学校の中で展開されている教育活動や人間関係の機微を鋭敏に見尽くしていたはずでしょう。

ほとんどの教員はそう感じ、いつも校長が見てくれているといった親近感さえ校内には漂っていたものです。

評価に必須の「観の目」

考えてみれば、私たちはどんな立場であれ、他人を評価するのが好きです。一方で、他人の評価を気にする。評価とはそのようなものですから、恣意《しい》的にもなりやすく誤解も生みやすいのです。では、努めて正しく人を評価するうえで必須なものとはなんでしょう。

剣の達人だった宮本武蔵は、「見の目」ではなく「観《かん》の目」の大事を説いたことがあります。見の目は対峙《たいじ》した相手の動きを注意深く探ろうとする。これに対して、観の目は特定の意図を持たず相手の全体をなごやかに見る。この観の目こそ剣を持つ者の極意であると武蔵は説いています。

一人の傑出した校長の立ち居振る舞いに接し、これが武蔵が言うところの「観の目」なのかと、はなはだ感心したものです。

この校長にとって、教員に対する人物理解や評価は、日常のうちに生きた形でまざまざと見えていたに違いありません。

そもそも教師の仕事に関する評価は難しいものです。その時は評価に値するように思えたものでも、時が経《た》てば問題をはらむことさえあります。

特筆するに足りないような些事《さじ》であっても、塵《ちり》も積もれば山となる譬《たと》えのように高い教育力を発現する場合もある。それは不断の融通無碍《ゆうずうむげ》の洞察があって認識できるのです。

しかし翻って今の学校現場を見ると、そうした「観の目」がすっかり衰弱しているように思えてなりません。

自己評価の心理

要するに、評価対象の教師の姿が生きた形でとらえられていないと言わざるを得ないのです。例えば、自己評価について言えば、こういうことが学校教育の世界ではあり得ることを知らなければなりません。

日夜悪戦苦闘して教育活動に余念がない教師がいたとします。現場感覚で言えば、そういう教師は、ホームルーム経営の評価欄があれば、「自分ほどホームルームづくりに取り組んでいる者はない」として高く評価するだろうかということです。

むしろ、「いやいや、こんな程度では恥ずかしい、まだまだ未熟だ」と自省して低く評価するというケースもあるのではないでしょうか。これが他の職業とは異なる教師の世界なのです。「もっとご自身の教育活動を高く評価されてもいいのでないか」と校長から忠告された教師もいると聞きます。

そういうものなのです。従って一片の評価表では判断できない。むしろ、評価する側はそういう機微を読み取る眼こそ磨かねばならないのです。

人が人を評価するというのは悩ましいものです。だからと言って、勤務評定や人事考課が不要とは言えません。問題はその評価の諸条件にあります。

公平で生きた評価が問われているのだと筆者は考えます。

ＰＴＡを刷新せよ——「地域の教育力」の復活を

失われた地域の緊張感

昔は親が子供をしつけたのに、最近の親はなんという体《てい》たらくかという非難の声がたびたび上がります。確かに、そう指摘されて仕方がないような事例は跡を絶ちません。

しかし、昔の親がしつけに熱心だったかというと、必ずしもそうではない。何しろ、子だくさんの時代でした。

そのうえ、大家族を養うために寸暇を惜しんで働いていたのです。子供に密着するわけにはいかなかった。ですから、兄や姉が弟妹を育て、地域が行儀作法を仕込んだのです。

つまり、かつての日本にあって今は消滅しつつあるもの、それは「地域」の教育力、感化力なのです。

親とて地域の目があるから、非行に走るわが子をほったらかしにはできませんでした。放置を決め込もうものなら、なんだ、あそこの親は、という何よりも怖い向う三軒両隣の正義の目にさらされる。

そのしがらみに息苦しい時もあったとはいえ、この「世間の目」が子供をしつけ、稚拙な親をまっとうな親に鍛えたのです。

地域からの干渉を排し、他人の目を気にすることなく奔放な生活を享受する家庭は、確かに「解放感」は獲得したでしょう。しかし、その解放感は時に「気まま」な行動にもなりがちです。

個の自立を叫び、自己決定権をもてはやすということは、一方で共同体の持つ厳しさも惻隠《そくいん》の情の温《ぬく》もりもみずから切り捨てる危うさをはらんでいます。油断すれば時に冷徹な視線を浴びるという、ほどほどの緊張感は欠かせないのです。

健全育成は縦軸の連携がカギ

そこで提言したい。教師と保護者、のみならず地域社会のさまざまな教育応援団の再結集を図ることです。

未熟な親や教師もいれば、常識を弁《わきま》えた大人も必ずや存在します。そうした多士済々の大人が出会う場として、ＰＴＡを基盤に「世間」の復活を仕掛けてみる。親はどうあるべきか、大人とはいかに振る舞うべきか、学習する貴重な機会ともなるに違いありません。

加えて望みたいのは、子供の縦社会が消えたなら、親サイドが幼小連携、中高連携、いや幼小中高の連携を率先することです。

考えてみれば、地域は学校種別ごとに棲《す》み分けているわけではありません。自分の子供は小学生でも、隣の子供は高校生の場合もあれば幼稚園児の場合もあり、混在して一つの地域に生活しています。

だからこそ、家庭も地域も、そして学校も縦軸で一体となって進めてこそ高い教育効果は得られるのです。

実際にこんな工夫をして子供の健全育成に取り組んでいる地域もあります。筆者は長崎県のＡ市で開催された青少年健全育成団体のセミナーに講師として招かれましたが、参加者は小中高校のＰＴＡと教師が一堂に会した研修会でした。全体会と分科会に分かれていて、分科会では、地域別の小中高の関係者でグループが構成され、研修し合う形式なのです。

大阪府のＢ市に招かれた時も同様でした。そこでは幼稚園と小中学校との合同研修会なのです。この時は小学校の体育館が全体会会場、分科会は教室が利用されていました。

やはり、これがこれからの健全育成を実効あらしめるカギだと思わされた次第です。

大人社会を刷新する決め手

筆者が進路指導主事の仕事をしていた時、卒業したばかりの生徒の父親に相談を持ち込み、親としての体験を研修会の講師として後輩ＰＴＡに語ってもらえまいかと頼み込んだことがあります。

当日、四百を超えるＰＴＡを相手に披露された、波瀾万丈《はらんばんじょう》の子育て、家庭生活の機微、時に生じた子供との軋轢《あつれき》など、三年に及ぶ生きた体験談は聞く者の胸に迫ったものです。

こうした機会をさまざまに工夫して、大人をして大人たらしめる「世間」を再現する試みとしたい。地域の大人同士が利害を抜きにして語り合い学び合う、そうした機会と場が公的に保障された世界は、もはやＰＴＡ等の活動をおいてありません。

ＰＴＡは学校の下働きに甘んじてはならないし、させてもなりません。健全に機能していた「世間」が壊れた今、それに代わる唯一の大人対象の教育機関として刷新すべき時なのです。

学校はチームで犯罪を抑止せよ——佐世保の高一殺害事件に思う

打つべき手は打たれていたのか

平成二十六年七月、長崎県佐世保市の高一女子による同級生殺害事件が起き、その異常さに衝撃が走りました。しかし筆者は一向に驚きません。むしろ、子供がそんなことをするはずがないなどと高をくっている思い込みのほうが怖いのです。

確かに、目に見える現象は異常な事件です。だからと言って、何もかもが特異なケースだとは限りません。誰の内部にも魔性は身を潜めていると筆者は見ています。表に現れるか否かは紙一重なのです。

そもそも、子供は天使の面もあれば、悪魔の側面も併せ持っているのです。ですから、まっとうに教育を受けることがなければ、魔物の出現を助長しかねません。プロの教師たる者、この冷厳な事実を念頭に置いて仕事に当たるべきです。

猫を殺して解剖する残忍な行為は、前年の中三の頃から見られたそうですが、おそらくもっと以前から片鱗《へんりん》を見せていたはずです。小学校六年の時も、クラスメートの給食に漂白剤などの異物を混入したというではありませんか。

そういう現象が起きた時、関係者によって打つべき手が充分に打たれていたかどうか、はなはだ疑問です。

報道によれば、学校側は加害児童に対して特別の措置を取ったようですが、弁護士の父親から抗議を受けたらしく、中途半端な措置に終わった印象です。

なぜ抑止力は発動しなかったのか

第一、給食への計画的な異物混入などの行為は、悪さの一線を越えています。その時点で隔離して特別の指導体制を設け、精神科医などの専門家の力も借りて徹底した改善に当たるべきだったのです。

こういうケースでは、親は冷静に考えることができず、わが子に対する執着心を増幅させるだけです。だからこそ、学校や教育委員会が毅然として動かなければなりません。

その際、留意すべきは、学校だけで対処しようと気負わないことです。単独での対応が難しい場合は、遅滞なく学校以外の適任の機関や専門家とチームを組むことが大切なのですが、連携は不充分だったようです。

事件の一か月半前にも、加害生徒が通院していた先の精神科医から、人を殺しかねない少女の切迫した状況が、児童相談所（児相）に伝えられていたというではありませんか。しかし、児相が介入することはありませんでした。

理由は少女の名前が伏せられていたからだそうですが、医師は自分の名前と身分を明らかにして相談していたのですから、児相から医師のもとへ出向いて詳しい事情を聞き、介入すべきだったのです。

結局は、十五歳の内部に台頭した狂気を阻止する抑止力が発動することはなかった。返す返すも残念でなりません。

活きたチームプレーこそ「魔物」に対抗できる

近年各地で頻発する児童虐待死亡事件の事例を見ても、批判を浴びた自治体や児相の問題は、フェイス・トゥ・フェイスで情報交換したり、訪問調査すべきなのに、電話で済ませてしまい、取り返しがつかない結果を招いた点にあります。

今回の場合も似ています。事件が起きるまでに、少女本人に直接・間接にかかわったのは、今分かっているだけでも、親、学校、精神科医、児相などです。ところが、それぞれは動いていたとしても、全体としての連携はまったく取れていません。

では、どうしたらいいのか。筆者がかつて高校の生徒指導主事を務めていた時の経験から言えば、こういう場合は学校がコーディネートの役割をするのが、最強のチームを編成するコツです。

繰り返しますが、くれぐれも何もかもやらねばならないと無理をしてはならないし、また関係機関に任せっぱなしも駄目です。

組織は内に閉じこもって孤立しては元も子もありません。そうではなく、誰かと組むことで攻めに転換できる。それが活きた組織活動です。

今後、加害少女の精神鑑定も行われ、心の闇《やみ》の部分も多少は明らかになることでしょうが、どんな魔物が棲みついていたとしても、犯罪を抑止できる力は活きたチームプレーをおいてありません。

縦割りのセクショナリズムに慣れたわれわれがみずからの固い殻を破り、守旧派がはびこる教育界を一新できるか、喫緊の課題はそこにあるのです。

いじめ防止対策推進法はできたけれど

事あらばアンケートとは情けない

いじめ防止対策推進法ができたからと言って、いじめが大幅に減るかと言えば、それは疑問です。何しろ、行政がやることと言ったら、アンケートと通知ぐらいですからやむを得ないでしょう。

実態を把握したいのは分かりますが、事あらばアンケートというのは打つ手がないからだと筆者は見ています。アンケートも度を超すと反教育になります。

第一に、匿名で意見を述べたり回答する癖がつくのはよいことではありません。さらに重要な点は、尋ねる側も回答するほうも、フェイス・トゥ・フェイスの関係ではないということです。これはいけません。

どんなに世の中が便利になろうと、人の心の内を知るということは決して易しくはなりません。フェイス・トゥ・フェイスで対面して、相手のまなざしや表情の動きから気持ちを察する。そういう人の付き合い方、知り方でなければ、教育的な人間関係とは言えないのです。

そもそも、教育は向かい合うことで成り立つのです。研究なら本を読むだけでもいいでしょう。しかし教育はそれだけでは画竜点睛《がりょうてんせい》を欠きます。尊敬する人の謦咳《けいがい》に接したいと熱望して、遠路を遠しとせず訪ねて門を叩《たた》く。そうして初めて教育の営みが息づくのです。

学校の対応は改善できるのか

ところで、この推進法ではいじめ被害者の保護者へはどのように明文化したかと言えば、親はいじめが起きていると思われる時は、学校に通報すること。一方、通報を受けた学校は、その可能性がありそうだと思えば、速やかに事実の有無を確認するよう義務づけました。

しかし本来は、そういうことは法律に書こうが書くまいが当たり前のことのはずです。その当たり前のことが今までどんなに行われていなかったか。立法化しなければ動かないとは嘆かわしい現実です。

昔はそんなサボタージュ教師がいても、おっかない先輩教師が厳しく指導したものです。それでも難しければ校長や教頭が直接指導改善に当たった。

ところが今は、管理職は管理職で面倒な指導は避け、人事で飛ばすことに躍起になる。さらには、こんな教師もいます。

小学校の男子児童が数名の同級生から陰湿ないじめを受けていました。子供の様子からこの事実を知った親は、悩んだ末に担任に相談する。ところが、お子さんの気のせいでしょう、一応気をつけてはみますがね、と四十代前半の男性教師はにべもない反応だったといいます。

何度出向いてもぬらりくらりとした態度は変わらず、子供はひたすらいじめに耐え続け、卒業を迎えた、その時です。突然担任が謝罪に来訪。その内容は、実はいじめは知っていたが、クラスからいじめが出たとなると、管理職任用試験に差し支えると思い、表に出せなかったと言ったそうですから呆《あき》れ果てます。

ですから、法律上の規定ができたとはいえ、教育効果の高い措置が取れるかどうか、怪しいのです。

課題は加害者の指導

とにかく、必要な場合は速やかに出席停止の措置を講ずることが義務づけられたわけですが、その理由は、「いじめを受けた児童等その他の児童等が安心して教育を受けられるようにするため」という点にあります。

大いに結構なのですが、さて、これもどこまでやれるのか。決定権は市町村の教育委員会にありますから、手を拱《こまぬ》いたり、やり損なったりしたら、教育委員会に明日はないでしょう。

また、出席停止の措置を取る以上、加害生徒が見違えるように変わったと言われるぐらいに改善しなければ元も子もありません。

最近は土曜日に児童生徒を出校させて勉強させる学校も増えつつありますが、教師が隔週土曜日の午前中に出校して勉強する機会を設けるべきだと思います。

そこに卓越した指導力や実績を持つＯＢを招いて、生徒指導や授業改革などの自主講座を開設するのです。

その講座の中にいじめ対策の指導講座を設けて、手練《てだ》れの高校生徒指導主事に出講してもらい、教育効果の高い停学指導の事例研究を行うことです。

教師に力量がないのに、不安にかられて子供の授業時間だけ増やせば学力が上がると速断しては危うい。そう思うのです。

「本物の教師」の出現を期す――読者へ願いを込めて

悪戦苦闘する教え子

教育の仕事に身を投じて四十年、さまざまな教え子に出会ってきました。例えば、こんな事例があります。

首都圏の新聞販売店に住み込んで大学へ通い始めた女子の教え子は、無遅刻無欠席で大学生活に打ち込んでいました。そしてその熱心な生活態度は、教授陣の話題となったようです。

ついには声がかかり、年度途中にもかかわらず、大学側の計らいで特待生の扱いとしたい旨、伝えられました。この破格の好意に、彼女はこう答えたそうです。

「ありがとうございます。ただ自分は仕事を始めてあまり日数が経ちません。後任者もそう簡単には見つからないはずですから、来年三月までは配達の仕事を続けます」と。

こんな教え子が育つのですから、教育の営みはなんと貴いものかと、あらためて思い知らされます。

こうした事例はいくらでもあります。テレビドラマと違って世間の脚光を浴びないだけです。せめて現場に生きるわれわれだけは、彼らの悪戦苦闘する姿をしかと心に刻んでいたいと思わずにはいられません。

「魂がうつる」

ところで、この国の教育の行方を考えるたびに、かつて評論家の小林秀雄氏が語った言葉が懐かしい肉声と共に甦ることがあります。こういう内容でした。

「教育の時局問題など、いずれ片付くところに片付く。しかし、根本問題が片付くわけではない。要は一人の本物の教師が出現するほかにないのだ。自分の教えを弟子が継いでくれるということほど不思議なことはない。教師の魂が教え子の魂にうつるのだから……。そこに教育の原理がある」

私たちはさまざまな対人関係の中で生きています。夫婦親子に始まり、友人、同僚、先輩後輩、上司部下など挙げたらきりはありませんが、利害を抜きにして師弟関係を結ぶというのは、考えてみれば人間社会独特の不可思議な間柄です。

この歴史的由来を持つ教育原理を忘れてはならないというのが、小林氏の忠告でした。

まったくの他人でありながら、縁あって結んだ師弟の関係が人生を変えてしまうほどの感化をもたらす。それが古来、教育の本質だったのだと思うと、この仕事に携わる者の一人として畏怖《いふ》すら覚えます。

あやかりたき人と共に

世の中は常に進化してやみません。私たちの生活は時々刻々便利になってきていま す。今や学校もパソコンの時代となり、鉄筆でガリを切っていた駆け出しの頃からすれば、その様変わりには隔世の感があります。

しかし一方で、こうした便宜主義の流れに身を任せていると、日々研鑽《けんさん》に努めようとする意欲と気力が萎《な》えやすいのも事実です。そうした落とし穴からわが身を救い出すためにも、「あやかる人」はいるのです。

私たちが物を学びたくなるのは、あの人のように生きてみたいと思う欲求が兆す時でしょう。人は、あやかりたき人を得て、生きる意味を知りたくなってくるものなのです。

教師みずからが、そうした内なる欲求を衰弱させたままルーティン・ワークを続けているとすれば、もはや生きた師弟関係の営みとは言い難い。教育の形骸《けいがい》にすぎません。

「生きた思想、それが大事だ」

筆者の仲人をしていただいたK先生は国語がご専門、当時のわが国の高校教育界では師表とも言うべき方でした。

かつて日教組全盛期に、わが国を代表する月刊誌『文藝春秋』が教育正常化運動の特集を組んだことがあります。

この時、全国の日教組批判のあまたの文書の山から、たった一つだけ説得力に満ちた、しかも比類ない美しい文章でつづられた冊子を発見し、その著者のインタビュー記事を掲載したのです。その著者こそ福岡県の名門修猷館《しゅうゆうかん》高校一筋に教職を全うされた往年のK先生でした。

筆者は同校の出身ではありませんが、大学時代から先生の薫陶を受けた一人です。ある日のこと、路面電車に揺られながら先生はこう教示されたのです。

「占部君、本当の判断というものはね、正しいか間違っているかじゃない。生きているか否かだよ。正しい思想ではなく生きた思想、それが大事だ」と。

われわれ教師は、究極のところ、文部行政のために励むのではありません。教育そのものの貴い営みに仕えるのです。この本道を履き違えてはならない。そうではありませんか。

第三章　道徳の小窓——生き方の鑑としての歴史

稲むらの火——本物の国語が伝えた道徳心

かつての小学国語読本に収録されていた名作「稲むらの火」は、時の文部省による教材公募に応じた、和歌山県の小学校に勤める青年教師、中井常蔵が書き上げ、昭和十二年に採択に至るという経緯を持つ。

庄屋の五兵衛が刈り取ったばかりの稲むらに火を放ち、村人を消火に駆けつけさせることで、押し寄せる巨大な津波から人命を救うという、わずか千四百字程度の小品だが、いったいどこが戦前の子供たちの心に感動をもたらしたのか。

それはまず、息をもつかせないスリリングで卓越した国語表現にある。さらには宝の山の稲束に火をつけ、津波に気づかない海辺の村人を集めようとした瞬時の判断の確かさ、火事と知ればきっと村人は助けに駆けつけるはずと確信した信頼の絆《きずな》。これらの要素が凝縮されていたからこそ、子供の琴線に触れたのである。

そこには、底の浅い観念的な道徳臭など微塵《みじん》もない。彫琢《ちょうたく》された美しい文章がつづられているだけだ。子供たちはそこに真の道徳の影が含蓄されていることを過《あやま》たずに読み取ったのだと筆者は考える。虚飾ではない本物の国語で表現されて初めて道徳心は伝わる。この作品を今の世に語り継ぐ歴史的意義はその一事にあると言ってよい。

ところで、この作品は安政南海地震（一八五四年）の際、現在の和歌山県広川町を津波が襲い、当地在住の濱口梧陵《はまぐちごりょう》（儀兵衛）が住民救援のために死力を尽くして奔走した史実を素材としたものである。彼はヤマサ醤油《しょうゆ》を興した一族の後継者であるが、学問や武芸にも関心が高く佐久間象山に学んだこともある傑物であり、勝海舟とは生涯を通じて刎頸《ふんけい》の友だった。

とりわけ感心させられるのは、津波が去った後に全長六百五十メートルに及ぶ防波堤を築造した点である。しかも工事に村人を雇用することで、被災者に生活の糧を得さしめた。昭和二十一年の津波襲来の時、若干の浸水程度で済んだのはそのおかげである。今も残るこの広村堤防は、五兵衛こと濱口梧陵の偉業を伝える歴史遺産にほかならない。

佐久間艇長の遺書——生還不能の中、職を全う

かつて一世を風靡《ふうび》した映画「タイタニック」は、一九一二年に起きた沈没事故を扱った作品だが、大ヒットしたのは人気俳優演じるラブストーリーのたまものだった。一方、タイタニック遭難のちょうど二年前に当たる一九一〇年四月十五日、広島沖で海軍所属の第六号潜水艇が訓練中に海底に沈むという事故が発生。艇長の佐久間勉海軍大尉ほか十三名の艇員は生還不可能となったが、こちらは沈没時に取った彼らの行動が国の内外に感動を呼んだ。

それは彼ら全員がみずからの持ち場を離れることなく、最期まで職分を全うして倒れていたからである。その様子は、佐久間艇長がガスが充満し酸素が刻々と欠乏する艇内で、窓から漏れてくるわずかの明かりのもと、手帳に書きつづった遺書に残されている。

当時の文部省は『尋常小学修身書』巻六に「沈勇」と題してその勇姿を子供たちに

示し、米国は議会議事堂の大広間に遺書の写しを丁重に陳列。英国ではアルフレッド・ジマーンが古代ギリシャ研究の著作の中でその義務に殉じた生き方を紹介したほどである。

夏目漱石は感動に襲われて「文芸とヒロイック」の一編を書き上げた。人間の本能丸出しの自然主義文学が流行していた当時、漱石は言う。「一方に於て佐久間艇長と其《その》部下の死と、艇長の遺書を見る必要がある。……獣類と選ぶ所なき現代的の人間にも、亦此種《またこの》不可思議の行為があると云《い》ふ事を知る必要がある」と。

人間の高尚な行為を俗に引きずり降ろそうとする自然主義派の諸君、佐久間艇長の遺書を刮目《かつもく》して見よ。義務が本能に克《か》つという「不可思議」がこの世にはあるのだと、漱石は言いたかったのである。

遺書には、福井県小浜中学時代の二人の恩師の名前が走り書きされている。その一人、成田鋼太郎は、最愛の教え子の生涯を後世に伝えるべく『殉難艇長　佐久間大尉』と題する伝記を執筆。巻末に「敷島の大和心を人間はゞ佐久間大尉の遺書を示さむ」という一首を捧《ささ》げて結びとした。

明治天皇――「海の日」と東北御巡幸

東日本大震災の発生から五日後の平成二十三年三月十六日、天皇陛下は異例のビデオメッセージを発表された。多くの被災者はどんなに励まされたことだろう。この時、筆者はお言葉を拝しながら、遠き明治の御代のある出来事を思い出した。

それは、平成七年制定の「海の日」にまつわる史実である。現在、この祝日は七月の第三月曜日に移されているが、制定当初は七月二十日に定められていた。

もともとこの日は、戦前の一時期に設けられていた「海の記念日」であり、明治九年（一八七六）に東北・北海道へおよそ五十日に及ぶ御巡幸に臨まれた明治天皇が、明治丸で横浜に帰港された日に因《ちな》んだものだった。

その目的は、戊辰戦争に敗れて以降、艱難辛苦《かんなんしんく》の日々を送っていた人々を天皇みずから慰撫《いぶ》し激励するためにほかならない。出発は六月二日、馬車で福島から仙台、岩手、青森と北上、次いで明治丸で津軽海峡を渡り、函館を経て三陸沖を海路戻るというコースをたどっている。

この間、東北の人々は御巡幸の先々で奉迎した。天皇も各地で開墾や産業の振興に尽くした功労者をねぎらわれている。郡山では、荒野を拓《ひら》いてできたばかりの桑野村まで分け入り、開拓者の苦労話に耳を傾けられ、五万円を下賜された。

弘前の東奥義塾では外国人教師による英語教育が行われていて、生徒十名が英語による発表を披露。天皇はその進取の気象に感心され、ウェブスター辞書を買う代金にと一人につき金五円を与えられたという。

またある時は、小学生が献上してくれた蛍一籠を嘉納され、岩手では太布半纏《ふとのばんてん》と呼ばれる農民の仕事着まで買い上げられた。東北の人々との間に親しく絆を結ぼうと努める君主の面影が偲《しの》ばれる。

このような由緒を持つ記念日がハッピーマンデーなる不見識な制度によって不明となりつつあるのは返す返すも残念でならない。

東北に生きる人々への激励に心魂を傾けられた若き明治天皇——。今上陛下のお言葉と共に謹んで心に刻み、被災地復興への支援に臨みたいものと切に思う。

有島生馬画伯の絵——日本とベルギーの友情秘話

東日本大震災に際しては、世界各国から続々と援助の手が差し伸べられた。日本国民の一人として感謝に堪えない。顧みれば、大正十二年（一九二三）の関東大震災の際にも、同様の支援を受けたことがある。とりわけベルギーの厚情は忘れることができない。今や知る人も少ないので紹介しておきたい。

東京都墨田区に「東京都復興記念館」が建っているが、この記念館の二階に関東大震災の惨状を伝える有島生馬《ありしまいくま》（一八八二～一九七四年）の油絵が展示されている。キャンバスには、廃虚をさまよう人々や亀裂の入った地面に横たわる遺体と共に、現場に駆けつけた山本権兵衛首相の姿が描かれ、傍らに白いスーツの外国人男性と、赤いワンピースの少女が立っているのが目を引く。男性は日本駐在ベルギー大使のバッソンピエール、少女は有島の姪《めい》である。

実は、震災の一報を受けたベルギー本国では、ただちに「日本人救済ベルギー国内委員会」が結成され、その推進役となったのが同大使だった。有島は外国による日本支援の象徴として、感謝を込め、彼をキャンバスに描いたのである。

では、なぜベルギーがそこまで日本を援助したのか。それはかつての第一次世界大戦の時にさかのぼる。一九一四年、ドイツはフランスを一気に攻め落とすべく、防備の手薄なベルギーとフランスの国境からの侵入をもくろみ、ベルギー領内に軍を進めた。永世中立国ベルギーは、ドイツ軍の無法に対して敢然と立ち向かうものの、みるみる蹂躙《じゅうりん》されていった。

こうした連日の報道に接した日本人は、勇敢に奮戦するベルギー国民を激励しようと熱烈な支援活動を展開。全国から義援金が集められ、薬品や日用品と共にベルギーへ送り続けた。

このように、ベルギーが対日支援を惜しまなかったのは、わが国が示した見事なまでの惻隠《そくいん》の情が背景にあってのことである。目下の外国からの援助の中にも似たような消息はうかがわれる。語り継ぐべきはそうした史実ではないか。

ヘダ号——安政東海地震とロシア船救助

時は一八五四年十一月四日、伊豆半島の下田で幕府官僚とロシアの提督、プチャーチンとの間に国境画定のための交渉が開始された直後、推定マグニチュード八・二の安政東海地震が現地を直撃する。この時、下田に停泊中だったロシア使節団のディアナ号は巨大津波に木の葉のように翻弄《ほんろう》され、船体は著しく損傷した。

プチャーチン一行は船体の修理のため、幕府の許可を得て伊豆半島西岸の戸田《へだ》村(現・静岡県沼津市)へ向かったものの、満身創痍《まんしんそうい》のディアナ号は駿河《するが》湾に面する宮島(現・静岡県富士市)の沖合まで流された揚げ句、浸水によって万事休すの事態に陥る。

この時だった。宮島の漁民が懸命の救助活動に乗り出したのである。おかげで彼ら使節団は九死に一生を得ることができた。ロシア側の航海日誌には、日本人が示した振る舞いが感謝を込めてつづられている。

いわく、「人々は大急ぎで囲いの納屋と日除《ひよ》けをつくって、私たちが悪天を避けられるようにしてくれた。また別の人々は上等のござや敷物、毛布や綿入れの着物、それにいろいろな履物を持って来た。……何人かの日本人が目の前で上衣を脱ぎ、私たちの仲間のすっかり冷えこんで震えている水兵たちに与えたのは驚くべきことであった」と。

付言しておくが、宮島の住民は自分たちも被災者だったのである。ロシア人の感激のほどが分かろう。

その後、戸田村ではディアナ号に代わる新艦を当地の船大工が匠《たくみ》の技を駆使して建造。プチャーチンは村名にあやかって「ヘダ号」と命名し、無事祖国に帰還した。ロシア側が択捉以南を日本領と認めた日露和親（通好）条約の舞台裏では、このような救出劇が繰り広げられていたのである。

時は流れて明治二十年（一八八七）五月、プチャーチンの娘オリガが戸田村を訪問した。日本人に謝意を表するためである。一方、ヘダ号建造のプロジェクトに参画した無名の職人の中から、世界に冠たる日本造船業界のパイオニアが育った史実も忘れ難い。

吉田松陰――兄として生きた知られざる人間像

幕末を生きた吉田松陰には兄一人と弟妹五人（一人は早世）がいた。いちばん下が十五歳も離れた弟の敏三郎、生まれながらに聴覚障害の身で正確に言葉を話すことがかなわなかった。しかし、敏三郎のことは生涯を通じて常に松陰の念頭にあった。その兄としての横顔を紹介しておきたい。

松陰が初めて他国へ足を踏み入れたのは一八五〇年の平戸遊学。この時、王陽明の伝記を読み、五歳にして突然口を利けるようになった逸話を知る。感動に襲われた松陰は、ただちに兄を通じて藩当局に遊学日程の変更を願い出る。その理由にいわく「肥後へ廻り、清正公へ参り、弟敏の為に物言ふ事ども祈り候て帰り候積りに御座候」と。かくて、霊験あらたかと聞く加藤清正の廟所《びょうしょ》に詣《もう》でて、王陽明のごとく敏三郎も物を言うことができますようにと切々と祈願した。

ペリー来航直後の鎌倉からは、こんな手紙を兄に出している。――今こそ海防とともに、それを内に支える民政の基盤も固める時だ。とりわけ、社会の底辺に生きる人々への手厚い施策は優先すべきもの。西洋ではあまたの施設がある由、そうした福祉制度がわが国にないというのは一大欠陥の何物でもない。

安政二年（一八五五）、野山獄中で書いた『獄舎問答』にも「西洋夷さへ貧院、病院、幼院、聾唖《ろうあ》院を設け、匹夫匹婦も其の所を得ざる者なき如くす」と記している。松陰は平戸遊学中に、漢訳文献を通じて欧米における福祉の整備状況をすでに把握していたのである。

下田で試みた海外雄飛の壮図のうちには、弟のような境遇にある同胞を救うべく、福祉施設の導入を図ろうとする密《ひそ》かな意思もあったのではないか、というのが筆者の見解である。

安政六年五月、ついに江戸へ護送となった松陰は、今生の別れに敏三郎の手を握って「万事堪忍が第一」と万感の思いを込めて諭したという。

兄亡き後、両親に孝養を尽くし家庭を支えた敏三郎は、明治九年（一八七六）に享年三十二で病没。その遺影は兄松陰に生き写しのごとく見えてならない。

日本の捕鯨文化——もたらす恵みに感謝と弔意

かつての教科書『小学国語読本』巻十（昭和十三年）には「南極海に鯨を追ふ」と題する捕鯨の様子を描いた作品が収録されていたが、今や日本捕鯨は残虐な行為として非難中傷される始末で、その真実の姿を伝える機会に乏しい。

そもそも、反捕鯨を標榜《ひょうぼう》する米国などは、かつては世界有数の捕鯨国であり、鯨油さえ採取すれば、鯨体そのものは海中に投げ棄てて平然たるものだった。だから、十九世紀後半に石油が採掘されると、鯨には見向きもしなくなる。彼らにとって鯨は「鉱物資源」だったと言ってよい。

これに対し、日本人の鯨に対する接し方はまるで異なる。平戸藩の鯨組「益富家」が一八三二年に作成した『鯨肉調味方』には、鯨には七十箇所に及ぶ部位があり、そのうち六十八箇所を食すことが可能とされ、刺し身や湯引き、揚げ物、ステーキなど、多彩なレシピが詳細に紹介されている。鯨がもたらす恵みをあますところなく受容することこそ、鯨に対する礼儀と見る文化にほかならない。

もう一つ、注目すべきは鯨への感謝と弔意を示す鯨墓の建立である。墓だけではなく、過去帳に鯨の戒名を載せ位牌《いはい》も作った。ほかに供養塔や絵馬、梵鐘《ぼんしょう》や燈籠《とうろう》まで存在する。その分布は北海道から九州に及び、百二十余箇所を数える。

このように、鯨を殺生して人間が恵みを受けることに、日本人は実に真摯《しんし》だった。欧米のごとき鯨油の他は残骸と見て抛《ほう》り捨てるなど、鯨に対して申し訳なしと思う感覚を育てた民族なのだ。

佐賀県唐津市に伝わる資料「小川島鯨鯢《げいげい》合戦」（一八四〇年）に見える次のような記述に、日本人独特の惻隠の情が偲ばれる。

「大魚皮肉一寸捨る所なく数百人の世わたりを助け……其潤となれるは功徳広大なり。このゆゑに、……数多の僧徒を請待し、鯨鯢の供養を営み亡鯨の日を卒塔婆《そとば》に書して、……両手を合せ殊勝に念仏を唱ふれば、死したる鯨も成仏すべし」

これが捕鯨に携わる漁師たち、その恵みを蒙《こうむ》った津々浦々の人々の偽らざる心境だったのである。

「大和魂」とは何か――知識に負けない精神の働き

大和魂と言えば、日本人の勇ましい気概のごとく使われるが、その具体的な意味を問われると返答に窮するのではあるまいか。

実は、大和魂ははるか千年前の平安時代に紫式部が創出し、『源氏物語』の「乙女の巻」で初めて用いた言葉である。それはどんな場面だったのか。

光源氏は元服を迎えた息子の夕霧を大学に進学させると言い出す。当時の大学は現在と違い、官吏養成機関ではあるが、光源氏の子であれば行かずとも将来は約束されている。そこで、怪訝《けげん》に思った夕霧の祖母に当たる大宮が、何ゆえわざわざ遠回りをさせるのかと詰問に及ぶ。

この時、光源氏は、特権に身を任せた人生を歩むのではなく、夕霧には生活や学問の苦労を積んでほしい。そうして初めて「才を本としてこそ、大和魂の世に用ゐらるる方も強うはべらめ」と真意を打ち明ける。

ここに言う「才」は中国伝来の漢学の知識、「大和魂」とは日本人としての知恵を指す。すなわち、大和魂を世の中に役立てるためには学問も欠かせない、だから大学にやるのだというのである。主体はあくまで大和魂であることに注意されたい。

日本人としての知恵や常識を磨かず、いたずらに漢学一辺倒になればどんな人間ができ上がるか、『今昔物語集』の巻二十九にはその実例が挙げられている。

ある時、清原善澄という著名な学者の家に強盗が侵入。善澄は床下に身を隠すが、金品を盗んで悠々引き揚げる悪党が憎らしく、検非違使《けびいし》に言いつけて捕まえてやるとつい叫んでしまった。これを聞いた強盗は引き返して善澄を斬り殺す。

結びに、善澄は漢才は豊かでも「和魂」が備わっていなかったために、かくも稚拙であったと厳しい評価が下されている。

このように、知恵や思慮分別に欠ける人材が続出しているようでは日本は滅びると見て、拝外主義に屈した異形の知識人層に敢然として抗したのが炯眼《けいがん》の式部だったと言ってよい。今の時代とて同様ではないか。

知識に負けない精神の働き——それが大和魂の真の意味だったのである。

荘川桜移植に挑んだ男たち——笹部新太郎が示した日本人の絆

第八十四回アカデミー賞の短編ドキュメンタリー部門にノミネートされていた「津波そして桜」は惜しくも受賞を逸したが、少なからぬ反響を呼んだ。

東日本大震災直後、桜の季節が訪れるや、復興へ向けて立ち上がり始めた被災地の人々。その雄姿に接したルーシー・ウォーカー監督は、桜は日本人にとって格別の花なのだと感動、この映画を制作したという。

わが国では春になったら桜が咲くのではない、桜が春を招く。そして満開の姿となって人々を堪能《たんのう》させる。それが桜の徳なのだと、山桜の復興に生涯を捧げた笹部新太郎は語っている。その笹部の一世一代の仕事に荘川《しょうかわ》桜移植事業がある。

昭和三十五年、岐阜県大野郡荘川村が御母衣《みぼろ》ダムの建設によって水没することとなった。この時、ダム建設を推進する電源開発株式会社総裁の高碕《たかさき》達之助は、故郷を失う住民のために、村のシンボルとも言える二本のアズマヒガンを救おうと決意する。

しかし、樹齢四百年は下らないと推定される老桜である。移植など無謀と思われたが、高碕の懇願に心を打たれた七十三歳の笹部は依頼を引き受ける。必要な工事一式は電源開発が請け負い、ダム工事に携わっていた間組関係者も手伝った。愛知県豊橋市で造園業を営む、日本一の庭師と謳《うた》われた丹羽政光も馳せ参じて協力を申し出る。

かくて、未曾有《みぞう》の移植工事が晩秋の十一月半ばに開始される。より高い山腹まで移すには枝や根は切らねばならない。満身創痍となった老桜は巨大な鉄製の橇《そり》に乗せられ、ブルドーザー三台で引き上げられた。

工事が終了したのは十二月二十四日、彼らはひとえに故郷を偲ぶよすがにしてほしいと願って、この難工事を遂行した。しかるに春を迎えてもなんの変化も兆《きざ》さず、無理だったかと思われた頃、新芽が顔をのぞかせた。関係者は歓喜に沸いた。

現在は「荘川桜」と呼ばれるこの桜は、毎年五月上旬に満開の花をつける。先年この地を訪ねた時、その幹に触れると、不滅のいのちが伝わる心地がしたのが今も忘れられない。桜が咲く限り日本は甦《よみがえ》る。

台湾の「松下村塾」――芝山巌学堂に殉じた六士先生

筆者は勤務の傍ら、ＮＰＯ法人アジア太平洋こども会議イン福岡に併設の「世界にはばたく日本のこども大使育成塾」の塾長を務めている。

この塾の目的は、小学校高学年の児童を対象に一期一年四か月のカリキュラムを通じてわが国の歴史と文化を修得させ、派遣先のアジア太平洋の国々で日本の真の姿を紹介できる「こども大使」を育成することにある。

先般の春休みには台湾に赴き、震災に見舞われたわが国への惜しみない支援に対して感謝を伝えるミッションを果たした後、八田與一《はったよいち》が築いた烏山頭《うさんとう》ダム（台南）を視察。次いで六士先生と呼ばれる日本人教師が創設した「芝山巌《しざんがん》学堂」を引き継ぐ士林《しりん》国民小学（台北）を表敬訪問している。

その塾生の児童三十人が感動に浸った士林国民小学創設にまつわる史実を取り上げてみたい。

明治二十八年（一八九五）のこと、日清戦争の勝利の結果、台湾を領有したわが国は、早々に教師を募集し、台北郊外の芝山巌と呼ばれる地で近代教育を開始した。ところが、翌二十九年元旦、彼ら日本人教師を抗日派の武装兵が襲撃し惨殺する。非命に倒れた教師は楫取《かとり》道明ら六人。実は楫取の母、寿《ひさ》は吉田松陰の妹に当たる。彼らは台湾人子弟と寝食を共にし、松陰さながらに心魂を込めて教えはぐくんだという。

教え子の一人、潘光楷《はんこうかい》はのちにこう述懐している。「我等が恩師は南瀛《なんえい》の文化を啓発し、人心を陶冶《とうや》するの目的を以て遠く絶海の孤島にのぞまれ、旦夕余等を教導するの任にあたり、余等亦《また》慈父の親みを以て之に見えたりしも……空しく天涯の鬼と化せらる。今や当時を追憶し轉々《うたた》断腸の念に堪へざるものあり」と。

このように、芝山巌での教育は一年にも満たなかったが、その情熱の火は消えはしなかった。悲報が内地に伝わるや、先覚者の志を継ぐべく全国津々浦々から有志教師が続々と訪台し、半世紀に及んで献身した。

筆者は、松下村塾の精神は芝山巌学堂に受け継がれたと見る。この二つの教場が日本と台湾の新たな時代を拓いたのである。

角倉素庵の手紙――波濤を越えた外交哲学

近世初期の朱印船貿易で活躍した豪商に角倉了以《すみのくらりょうい》・素庵《そあん》父子がいる。了以は教科書でおなじみだが、素庵のことはあまり知られていない。彼は商人ながら学問にも深く傾倒。近世儒学の祖と謳われた藤原惺窩《せいか》に師事した教養人でもある。

十七世紀初頭のこと、父の貿易事業を継いだ素庵が安南国（ベトナム）へ貿易船を派遣する際、今後の通商に関する心得を記した一通の手紙を送る。その文案は素庵の意を受けた藤原惺窩が練った。

この手紙の中にこういうくだりがある。「書中謂《い》ふ所は、一に信の一語に止まる。誠に是《こ》れ、家国治教の要なるか。夫《そ》れ信は吾が人性の固有にして、天地に感じ金石を貫き、以つて通ぜざるなし。……然れば則ち千里万里遠しと雖《いえど》も、衣服・言語は殊《こと》にすと雖も、其の遠からず殊にせざる者有りて存す。是れ所謂《いわゆる》一に信を以つてなり」

交易において何より「信」を大事にしたい。信はいかなるものも貫徹する。言語や風俗が異なろうと、いかに遠く離れていようとも、相通うものこそ信なのだ。この一点を守って交易に臨もうではないか。これが素庵と惺窩が発信した異国への切なる願望だった。

では、この呼びかけが相手に通じたのか。その確かな証左が、以後活発に貿易が行われた事実であり、さらには一六〇九年に起きた海難事故の救援活動に見ることができる。

この年、安南国から日本に向けて出港した角倉船が現地の近海で強風を受け難破する。溺死《できし》する者も出たが、二百余人の日本人は救助される。素庵の呼びかけに応《こた》えた安南国側の厚意にほかならない。

その後、安南国の国王はわが国に深甚なる書状を送ってきた。——いかに万里を隔てていても、信義は兄弟のごとく、私利を抑え義を本とすることで両国の絆としたい。そういう趣旨の文面である。

打てば響く信義があって豊かな交流は実現する。わが領海に波高しの昨今、友好の誼《よしみ》を持つ東南アジア諸国へもっと関心を向け、相互の絆を強めたいものである。

中江藤樹と『捷径医筌』——「我了佐ニ於テ幾ド精根ヲ尽ス」

戦前に岩波書店から刊行された『藤樹《とうじゅ》先生全集』全五巻の中に異彩を放つ一巻がある。『捷径医筌《しょうけいいせん》』と題された壮観な医学入門書のたぐいである。

伊予国の大洲《おおず》藩に仕えていた中江藤樹（一六〇八～一六四八年）は、母を養うべく脱藩して故郷の近江国に戻るが、その藤樹のもとに伊予からはるばる大野了佐《りょうさ》という若者が訪ねてくる。

了佐は武士の子供であったが、能力が劣り出仕はかなわなかった。そこで本人は医者を志望するのだが、これまた難しいことに変わりはない。しかし親は不憫《ふびん》でならず、藩随一の学者である藤樹に無理を承知で医学の手ほどきを頼んだ。

こうして藤樹は教え始めるのだが、聞きしに勝る物覚えの悪さだった。医学書を読ませたところ、わずか二、三句を理解させるのに午前十時から午後四時までを要した。ところが夕食後に復習すると、すっかり忘れ去っている始末。こんな個人授業を百回ぐらい続けてようやく頭に入る。そんな状況だった。その了佐が再び教えを請いにやって来たのである。

ここまでされては、もう追い返せない。藤樹は思い悩んだ末、彼にふさわしい教科書を創《つく》るほかないと決意、厖大《ぼうだい》な医学書を読み込んで『捷径医筌』を完成する。先生、先生と慕ってくる一人の教え子のために、このような教科書を編纂《へんさん》した教師は古今を通じていないのではないか。

もちろん、了佐がこの教科書をすらすらと理解したわけはなかろう。苦労は依然続いたはずだ。藤樹は「我了佐ニ於テ幾ド精根ヲ尽ス」ともらしたという。

では、こうした教育は実を結んだのか。藤樹の教えを受けた後、帰郷した了佐は母の実家、尾関家の養子に入る。名前も尾関友庵と改称、宇和島でなんと医師を開業していたのである。

それだけではない。のちに甥《おい》の小三郎を後継の医師として見事育て上げている。教える際は、机上に恩師直筆の『捷径医筌』が開かれていたに違いない。

この二人の師弟関係に教育という貴い営みを仰ぎ見る心地がして、感に堪えない。

市丸利之助と少年兵――硫黄島ローソク岩の光景

　時は大東亜戦争末期の頃のことである。サイパン玉砕後、米軍は自在に日本本土の爆撃を可能とする硫黄島《いおうとう》の奪取をもくろむ。

　これに対しわが方は、十代の少年兵を含む二万余の守備隊が絶海の孤島に結集し、島に網の目のように地下壕《ごう》を掘って迎え撃つ。かくて、米軍がほんの数日で占領可能とした硫黄島を三十六日に及んで守り続けて壮烈な戦死を遂げた。

　ここに紹介するのは、数少ない硫黄島決戦の生存者の一人、松本巌《いわお》上等兵曹が書き残した、海軍司令官の市丸利之助《いちまるりのすけ》少将と少年兵の哀切のシーンである。

　米空軍の来襲に備えていた頃、松本がローソク岩と呼ばれる周辺を通りかかった時、少年兵たちの歌声が聞こえてきた。邪魔しては悪かろうと反対側に迂回《うかい》したところ、岩陰に市丸司令官が目を閉じて腰を下ろしているではないか。

　驚いて挙手の礼をとり立ち去ろうとすると、市丸司令官は「シーッ」と口に手を当

硫黄島・ローソク岩（占部撮影）

てて松本を招き寄せた。並んで腰かけていると、少年兵たちが唱歌「故郷の空」を歌う声が流れてくる。

　夕空晴れて秋風ふき
　月影落ちて鈴虫なく
　おもえば遠し故郷の空
　ああわが父母いかにおわす

　松本はこの光景を「司令官の閉じた眼から涙が一つ頬を伝って流れる。鬼神かと思われた司令官の涙。私もつい涙にむせんだ」と伝えている。

　退路を断ち硫黄島死守に立ち向かった少年兵は、ただひとえに、はるかかなたの故郷に生きる父母を護《まも》るために艱難辛苦の硫黄島生活を送っていたのである。歌人でもあった市丸司令官は、その彼らの心情を痛いほど感じ取っていたに違いない。

平成二十二年の八月、筆者は航空自衛隊の硫黄島基地隊研修会に出講した折、ローソク岩を訪れる機会に恵まれた。ジャングルの中の短い地下壕をくぐり抜けると、鼻先に巨岩が立っていた。飲み水はスコールに頼るほかなかった島である。筆者は持参した太宰府の名水を岩肌に注ぎ、しばし鎮魂の誠を捧げた。――少年兵の皆さん、ありがとうございました、と。

あとがき

教育の世界にも教師というプロがいます。では、プロとアマはどこが違うのか。例えば、愛国心教育の進め方を問われて、立法化するのが近道と考えるのは教師とは別世界の人、プロはまず愛国心教育のノート作りに着手するでしょう。どちらがいい悪いではありません。プロとはそういうものなのです。

もう一つ、歩行しながらスマートフォンを見ていてお年寄りにぶつかっても悪びれもしない若者がいたとしましょう。これを見て、話の材料に使えると思うのは教育とは縁遠い御仁、プロならその場で一喝します。

今、そうした教育のプロが精通する仕事のことを語らなくなってしまい、世間も聞こうとしない風潮が広がり、残念に思っていたところ、公益財団法人モラロジー研究所の月刊誌『れいろう』へ教育論を連載しないかとの声をかけていただいたのです。そこで、せっかくの機会ですから、現場のプロはどんなことを考えているのか、直言や提言も取り混ぜ、二年に及んで一渡り示したつもりです。

本書は、この連載を中心に編んでいます。ほかにも、産経新聞の「消えた偉人・物語」欄に連載した記事から幾つかを選び、「道徳の小窓」と題して収録しました。私にとっては、私家版を除くと、世に出す教育論としては初めての著作です。

出版に際しては、藤井大拙出版部長をはじめ出版部の方々には数々のお力添えをたまわり、衷心より御礼申し上げます。特に、連載中には定方孝太郎氏に一方ならずお世話になりました。また、原稿やゲラの校正等では、安江悦子氏にさまざまな心遣いをいただきました。ここに記して謝意を表します。

平成二十七年六月十日

占部　賢志

〈初出一覧〉

日本民族の真骨頂	モラロジー研究所『れいろう』平成25年 2月号
道徳教育の本筋	同 3月号
「伝統」で混迷打開を	同 4月号
世界史的視野に立つ「総合日本史」創設の提唱	同 6月号
大学秋入学を活かす奉仕活動の導入	同 7月号
先人の苦闘の歴史を教える環境教育を	同 8月号
戦後教育を総点検して「危機管理教育」の導入を	同 9月号
官民の連携による道徳教材の「全国公募」を	同10月号
「和魂」を取り戻せ	同11月号
言霊幸う国の民よ、言語感覚を取り戻せ	同12月号
「辞書」に思う	平成26年 1月号
道徳教材を再考せよ	同 7月号
「役立ちたい」心を大きく伸ばせ	同 9月号
「対話の文化」を復活させよ	同11月号
いじめに教師は立ち向かえ	平成25年 5月号
教師は心して言葉を磨け	平成26年 8月号
流行のＩＣＴ教育に苦言を呈す	同 2月号
体育は基礎基本に還れ	同 3月号
教師は切磋琢磨の関係たれ	同 4月号
機微を読み取る眼を磨け	同 5月号
ＰＴＡを刷新せよ	同 6月号
学校はチームで犯罪を抑止せよ	同10月号
「本物の教師」の出現を期す	同12月号
稲むらの火	『産経新聞』平成23年 1月15日付
佐久間艇長の遺書	同 2月12日付
明治天皇	同 4月 2日付
有島生馬画伯の絵	同 4月30日付
ヘダ号	同 5月28日付
吉田松陰	同 6月25日付
日本の捕鯨文化	同 7月23日付
「大和魂」とは何か	同10月15日付
荘川桜移植に挑んだ男たち	平成24年 4月 7日付
台湾の「松下村塾」	同 6月 2日付
角倉素庵の手紙	同 9月22日付
中江藤樹と『捷径医筌』	同11月17日付
市丸利之助と少年兵	同12月15日付

占部 賢志（うらべ・けんし）

昭和25年福岡県生まれ。九州大学大学院人間環境学府博士後期課程単位取得退学。福岡県の高校教諭を経て、中村学園大学教育学部教授。ＮＰＯ法人アジア太平洋こども会議イン福岡「世界にはばたく日本のこども大使育成塾」塾長、古典輪読会「太宰府斯道塾」塾長、一般財団法人日本教育推進財団顧問等を務める。

著書に『歴史の「いのち」』全２巻（モラロジー研究所）、『語り継ぎたい美しい日本人の物語』（致知出版社）、『私の日本史教室――甦る歴史のいのち』（明成社）、『立志の若者へ』（福岡城南ロータリークラブ）等がある。

教育は国家百年の大計

――私の教育改革試論――

平成27年8月1日　初版発行

著　者　占部 賢志

発　行　公益財団法人 モラロジー研究所
〒277-8654 千葉県柏市光ヶ丘2-1-1
TEL.04-7173-3155（出版部）
http://www.moralogy.jp/

発　売　学校法人 廣池学園事業部
〒277-8686 千葉県柏市光ヶ丘2-1-1
TEL.04-7173-3158

印　刷　シナノ印刷株式会社

ISBN978-4-89639-249-4